ESPIRITUALIDAD 103

LA CLAVE DEL PERDÓN

DESCIFRANDO LA LUZ DE NUESTRAS SOMBRAS

Dr. Iván Figueroa Otero

CRÉDITOS

Autor: Iván Figueroa Otero, MD
www.ivanfigueroaoteromd.com
Editora: Yasmín Rodríguez, The Writing Ghost, Inc.
www.thewritingghost.com
Diseño de Cubierta: Gil Acosta Design
www.gilacosta.com
Montaje y producción: The Writing Ghost, Inc.

ISBN-13: 978-0-9964-6661-5
Número de la Librería del Congreso: 2017905674

Segunda Edición, 2020
Parte de la serie de libros del Dr. Figueroa:
"Escuela De La Vida"

RESEÑAS

"Este libro es una obra de arte de la literatura. Iván dedicó mucho tiempo a esta presentación y es impresionante. Admiro la modernización de términos y analogías. Iván logró crear una serie de ideas para ayudar a las personas a ponerse en contacto con ellos mismos, decidir qué tiene valor y moverse hacia ello. Es un camino espiritual completo y moderno para aquellos que no se sienten atraídos a un enfoque tradicional. Lo felicito."

Jhampa Shaneman
Author of Buddhist Astrology

"El Dr. Iván Figueroa Otero describe un viaje de amor, compasión y perdón que todos debemos tomar según aceptamos nuestro Guerrero De La Luz interno. Es fácil identificar los 'enemigos' de afuera, pero no habrá un cambio real [...] hasta que transformemos el 'enemigo' que hemos creado en nosotros mismos durante nuestras vidas. Este es el poder del perdón y la reconciliación que nos enseñó Mahatma Gandhi en su filosofía de la no-violencia, y es la lección profunda de perdón y reprogramación que el Dr. Iván Figueroa otero nos presenta tan elocuentemente en *Espiritualidad 103*. [...] Según enfrentamos nuestra batalla interna con amor, compasión y perdón, comenzamos a acercarnos a los demás [de la misma forma], sabiendo que ellos enfrentan sus propias batallas internas y lecciones que puede, o no, ya hayamos aprendido nosotros."

Missy Crutchfield and Melissa Turner
Editoras fundadoras, Gandhi's Be Magazine

"El Dr. Iván Figueroa Otero ha escrito su carta de navegación personal para ese camino iniciático que llamamos vida. Su formación como científico y budista le ha permitido traducir sus reflexiones espirituales al lenguaje popular. En este, su tercer libro de autoayuda, Figueroa se ocupa de narrar la historia del Guerrero de la Luz y nos convoca a descubrirlo en nosotros para emprender la batalla contra los formidables enemigos que nos atacan desde múltiples frentes de batalla. El escenario de esta guerra es complejo y para describirlo recurre a múltiples referencias provenientes de la mitología, la religión, la filosofía oriental, la sicología, la ciencia y el ocultismo. En su lucha externa e interna, el Guerrero de la Luz triunfará si utiliza sus armas más efectivas que son el amor, la compasión y el perdón."

Rafael Trelles
Pintor ilustre puertorriqueño

"El Dr. Iván Figueroa Otero es único. Su entendimiento de la espiritualidad humana trasciende la norma. Tu corazón recolectará verdaderas joyas al leer sus libros. Tus creencias limitadas serán cuestionadas y liberadas. De forma práctica e inusual, combinada con un sentido del humor, aprenderás sobre ti mismo y el universo que te rodea. Te fortalecerá de manera poderosa y única. Este libro es un trabajo impresionante. Debe ser leído."

Dr Antoine Chevaler, PhD, ND, HK,
International speaker, author, researcher & teacher

"El libro del Dr. Iván Figueroa Otero comienza presentándonos el silencio, llevándonos por una Melodía Cósmica que nos prepara para uno de los exámenes más difíciles de la vida: aprender a perdonar. El autor comparte su despertar espiritual de manera valiente, y como todo buen médico, nos regala la receta para ganar la batalla. A través de un proceso de guerra interna nos presenta los guerreros de Luz y Sombra. De una cosa estoy segura: todo lector logrará vencer esa enfermedad que se llama culpa, y tendrá la vacuna para pasar las pruebas hacia una vida más plena."

Anita Paniagua
Desarrolladora de emprendedores
Autora del libro EmprendeSer

"Este libro, junto a los dos anteriores, demuestran que [el Dr. Iván Figueroa Otero] es uno de esos raros intelectuales que mediante estudios humanistas logra acercarse a abarcar las bases del conocimiento humano, tanto el corpus universalis, como el conocimiento interior, el de uno mismo.

Espiritualidad 103 refleja una visión híbrida del conocimiento científico occidental y el conocimiento/arte oriental. El Epílogo es una gema sobre la inspiración y la creatividad."

Dr. Eduardo Santiago-Delpín
Inmunólogo y cirujano de trasplantes, profesor distinguido, Universidad de Puerto Rico

"Este libro del Dr. Iván Figueroa no solo refleja su propia transición de vida, sino que contiene una fórmula eficiente para lograr la integración más prístina y plena del ser humano hacia la felicidad completa y duradera. Resalta en él la elaborada y elegante síntesis entre diversos campos del saber como son la psicología, psiquiatría, genética, espiritualidad y filosofía. La obra nos ofrece métodos y estrategias lógicas para maximizar nuestra capacidad de introspección, enseñándonos a mantener el balance crucial entre la experiencia de vida y la reflexión periódica, lo cual a su vez nos lleva a disfrutar de mayor salud mental. Nos libera de paradigmas ancestrales y limitaciones conceptuales que causan angustias, y que con tanta frecuencia nos lanzan al vacío de nuestra propia enajenación."

Dr. Víctor Lladó
Doctor en psiquiatría

"En la primera lectura me transporté a un mundo de circunstancias particulares y excepcionales. En la segunda, tuve que tomar decisiones de carácter que me hacían falta y que no había visto en mi espejo. El autor, el Dr. Iván Figueroa Otero, nos transporta al mundo infinito de nosotros mismos, y nos pasea por la necesidad del perdón propio para entender la necesidad del perdón ajeno y sus implicaciones en nuestra salud mental, física y espiritual. Tiene usted que leerlo para explorar el mundo de sus propias emociones y experiencias, y llegar al lugar que usted necesita y anhela visitar: su propia introspección espiritual."

Dr. Norman González Chacón
Doctor en medicina natural, padre de la medicina natural en Puerto rico

"El libro del Dr. Iván Figueroa Otero ayuda de manera fantástica a que la humanidad expanda su conciencia y salga de la oscuridad hacia la luz, donde vemos que las únicas barreras entre el hombre y sus compañeros viajeros del alma y además su paz interior, ¡están dentro de nuestras creencias auto-limitantes y las falsas percepciones sobre los demás! El Dr. Figueroa nos trae esta premisa usando leyes espirituales universales y sus aplicaciones en las preguntas más consecuentes de los humanos sobre el tema del ser. El libro está maravillosamente escrito y claramente expresado. Sus respuestas profundas no solo sirven al individuo, sino también al colectivo."

Amelia Kemp, Ph.D., LMHC
Psicoterapista, metafísica ordenada, autora de "From Psychotherapy to Sacretherapy® - Alternative Holistic Descriptions & Healing Processes for 170 Mental & Emotional Diagnoses Worldwide"

"La obra del Dr. Iván Figueroa Otero, a la vez que examina una de las deficiencias más profundas del ser humano: la culpabilidad, también examina minuciosamente (con exámenes de prueba y todo) el mecanismo esclavizador del ego que nos rige. El autor realiza un estudio amplio, utilizando analogías familiares y combinándolo con un profundo sentido de entrega espiritual y liberación - es la culminación de tres tomos de un verdadero manual práctico de la 'escuela de la vida'... Una verdadera joya."

Carli Muñoz
Músico y compositor

OTROS LIBROS DEL AUTOR

Espiritualidad 101

Para los Colgaos en la Escuela de la Vida

Un Repaso Para el Examen Final

Espiritualidad 1.2

Para los Desconectados de la Escuela de la Vida

Un Repaso Para los Tekkies

Espiritualidad 104

Reflexiones en mi Espejo Mágico

Lecciones de amor de la Escuela de la Vida

DEDICATORIA

Dedico este libro a todos los maestros, discípulos y pacientes con los cuales he participado en la escuela de la vida, quienes me inspiraron a compartir todas sus experiencias y lecciones. Fueron especialmente mis pacientes quienes, con los testimonios de sus lecciones de amor, me guiaron a encontrar la clave del perdón para penetrar en el código de sanación del alma. Sin ellos, no hubiera sido posible mi progreso escolar en el salón universal.

Si en la reflexión del espejo de este libro algunos de ustedes redescubren su luz distorsionada por sus sombras, compartan el mérito de los resultados con sus condiscípulos, y el aprendizaje que se obtenga de su lectura.

Tabla de Contenido

AGRADECIMIENTOS

Entre todos los viajeros con los que comparto esta interminable travesía en la reflexión del Espejo Mágico de la mente, quiero agradecer especialmente a mis hijos, su madre, y a mi paciente esposa Ivette, quienes con tanto cariño han apoyado mis locuras de viejo.

Especialmente, agradezco la guía espiritual de mis maestros de la tradición budista tibetana Nyingma, los venerables Khenchen Palden Sherab Rinpoche y Khenpo Tsewang Dongyal Rinpoche, de quienes aprendí gran parte del entrenamiento mental que me facilitó plasmar en este libro la maravillosa sabiduría del espejo de nuestras mentes.

Igualmente, reconozco la influencia primordial sobre este libro de los seis tomos de *El Ser Uno* (www.elserunobooks.com) que fueron publicados por su autora/canalizadora, la Sra. Franca Rosa Canónica.

Finalmente, mi agradecimiento a mi madre, Doña Berta, por las horas que pasó leyéndome la biblia cristiana durante mi niñez, asegurándome que en algún momento me fortalecería en los momentos difíciles de mi vida.

El maestro no es más que un discípulo, a quien le gusta ayudar a otros a encontrar su maestría.

Las armas del verdadero Guerrero de la Luz son la compasión y la paciencia para esperar que el otro aprenda lo que ya él aprendió.

No respondas con tus sombras al Guerrero de las Sombras, responde con tu luz para que él pueda descubrir la suya.

Iván Figueroa Otero, MD

LA MELODÍA CÓSMICA DEL SILENCIO

El silencio busca llenar el vacío del alma sedienta de amor,

que no satisface la cháchara efímera del ego

con su esplendor,

pero el alma ya ha olvidado cómo escuchar

su majestuosa tranquilidad.

¿Cómo podré despertar el recuerdo de su melodía?

Ya sé que no podrá ser subiendo el volumen

de las notas discordantes de mi vida mundana.

Ni reviviendo los recuerdos de las experiencias frívolas,

que avivaban aún más el insaciable apetito

por las infernales pasiones que ensordecían

mis sentidos sonoros.

¿Cómo podré, entonces, atenuar el ensordecedor

escándalo de las voces acusadoras

que castigan mi corazón?

Solo aceptando que todos mis deslices fueron cometidos

por la inocencia estipulada en mi linaje,

por la ignorancia de la intención.

Según el gran maestro Jesús nos aclaró en su última frase,

"Perdónalos, porque no saben lo que hacen"

(Lucas 23:34)

Entonces, finalmente, mi corazón se pacifica, al entender

que al perdonarme todas mis faltas

y las que otros habían cometido en contra mía,

residía la solución a la paradoja.

Y de momento, un estruendoso vacío llena

cada rincón de mi universo,

despertando mi corazón a

la melodía cósmica del silencio.

INTRODUCCIÓN

Felicito a todos los que han llegado al nivel 103 de nuestra escuela de la vida, porque no se amedrentaron por la intensidad de los exámenes ni se copiaron de sus condiscípulos en sus respectivos niveles de aprendizaje. En el nivel 101, tratamos de estimularlos a contestar los tres enigmas de nuestra experiencia terrenal: ¿Quiénes somos? ¿De dónde vinimos? Y, ¿hacia dónde nos dirigimos? Por medio del análisis de los testimonios de nuestra experiencia, la evidencia científica y la filosofía esbozada por los grandes sabios, quienes nos precedieron en el camino, tratamos de lograr que ustedes, en una mirada hacia la parte más profunda de su interior, se las contestaran individualmente.

En el primer libro, hicimos mucho hincapié en que todo fracaso siempre redunda en un proceso de instrucción o aprendizaje, que nos permite reestructurar nuestro plan de estudio para seguir tomando los exámenes incesantemente hasta aprender la lección. Estos exámenes no deben considerarse como castigos de los regentes de nuestra escuela universal, sino más bien como actos amorosos de paciencia y confianza en nuestra capacidad para pasarlos. Recuerden que los colgaos eran los que se daban por vencidos y dejaban de tomar sus exámenes.

En el nivel 1.2, nos quisimos dirigir a las mentes más jóvenes, para quienes su perspectiva diaria está más basada en la tecnología moderna, y por eso transformamos la visión científica y religiosa tradicional a una más cibernética. En esta, nos convertimos en programadores y navegantes de dominios cibernéticos, que variaban su experiencia individual según la pureza de los programas y el grado de corrupción de estos. Por lo tanto, la mejor manera de mejorar nuestra experiencia individual de navegación es reprogramando, actualizando nuestros softwares y depurando nuestros sistemas operativos de toda invasión viral. En cada uno de los tomos anteriores, presentamos técnicas que nos facilitan los procesos de reprogramación y aprendizaje, sobre los cuales seguiremos profundizando según publicamos los próximos niveles.

En el nivel 103 descubriremos nuevos ángulos de las tres preguntas expuestas en el nivel 101, y discutiremos intensa y detalladamente el origen y las técnicas que nos ayudarán a erradicar efectivamente toda contaminación viral, o culpa, la cual hemos sido responsables de permitir en nuestros programas de aprendizaje. Estas alteraciones podríamos compararlas con cicatrices emocionales en el espejo de nuestra mente que aún no han sanado, sufridas durante la travesía de nuestra alma, o nuestro Guerrero de la Luz, en las batallas en la escuela de la vida.

Primero, al estudiar detenidamente cómo fue que recibimos estas lesiones, encontraremos que su origen ha sido auto infligido por enemigos arquetípicos imaginarios, creados por nuestra mente. Luego, al identificar las causas y origen de estos dragones míticos, podremos identificar las técnicas que necesitamos para sanarlas. Y finalmente, descubriremos cómo podemos prevenirlas después de nuestra recuperación inicial. Para la primera fase, les preparamos un botiquín de primeros auxilios para usarlo en el campo de batalla, en el cual enfatizamos que la medicina más efectiva del inventario es el antídoto del perdón, y la vacuna más efectiva es el concienciar la herencia común del amor que nos une, de la cual nace la compasión y la paciencia para evitar los conflictos emocionales que llevan a la guerra en la escuela de la vida.

Estudiaremos detalladamente cómo la relación de los programas hereditarios de nuestro ADN biológico, los efectos epigenéticos de nuestros estilos de vida y la programación aprendida en las diferentes etapas de la vida, podrían desbocarse en enfermedades físicas y mentales. Volveremos a "machacar" nuestra responsabilidad en la aparición del sufrimiento en nuestras vidas, resultado de desconectarnos del programa primordial del universo, el amor, y de nuestra ignorancia sobre la interdependencia que nos une como Guerreros de la Luz.

Como tradicionalmente acostumbramos, después de cada capítulo tendremos preguntas de estudio y ejercicios para desarrollar las destrezas necesarias para sanar nuestras heridas y prevenir futuras batallas. Los invito a unirse con valentía a este viaje a la parte más profunda y misteriosa de nuestro ser, y con mucha paciencia y compasión, ayudar a sanar las heridas emocionales de su Guerrero de la Luz. Según dice mi cita:

Las armas del verdadero Guerrero de la Luz son la compasión y la paciencia para esperar que el otro aprenda lo que él ya aprendió.

Antes de aceptarlos a ustedes en las filas de los Guerreros de la Luz, se les exige que tomen el Juramento del Guerrero de la Luz.

Juramento del Guerrero de la Luz

Yo soy un Guerrero de la Luz, que nunca abandona su misión ni se rinde ante las fuerzas oscuras. Acepto que mi misión es aprender a amar y dejarme amar, y llevar a otros el mensaje de esperanza: que todos son hijos amados de la luz, y que sin nosotros el amor no se manifiesta, sino que se extingue en la creación.

Sé que mi peor enemigo es el ego, que crea la ilusión del tiempo y el espacio tridimensional, el nacimiento y la muerte. Este es hijo del engaño que origina nuestra mente ante la soledad de la desconexión de nuestra fuente creadora la luz.

Entiendo que, de los recuerdos de los sentimientos universales, de haber vivido en la presencia incesante del amor y la necesidad de obtenerlos nuevamente, nacen las emociones y el apego. Por su naturaleza transitoria e individual, aparece la variabilidad y la subjetividad de la experiencia emocional, y el sufrimiento de la experiencia tonal de la dualidad.

Prometo recordar mi camino para regresar a la luz, y ayudar a otros a recordar el suyo.

GLOSARIO

1. ADN luminoso o "ADN basura"- ADN no codificante, que hasta ahora se pensaba no tenía utilidad alguna, y que en realidad es sumamente importante dentro del genoma humano porque constituye un gran panel de control con millones de "interruptores" que regulan la actividad genética. Sin estos interruptores, los genes no funcionarían y se podrían originar mutaciones que, a su vez, desencadenarían enfermedades. Se postula que la influencia ambiental epigenética controla el proceso de activación. Esta parte, que paradójicamente ocupa el 95-97 del porcentaje de ADN, correspondería muy bien con el 95% que ocupa nuestro universo antimateria. Intuyo que aquí puede encontrarse el código de sanación y toda la historia (registros akáshicos), que nos abrirá las puertas multidimensionales del universo antimateria.

2. ADN quimérico- Molécula de ADN que ocurre de forma natural, que contiene secuencias procedentes de dos especies diferentes.

3. ADN recombinante- El ADN recombinante, o ADN recombinado, es una molécula de ADN artificial formada de manera deliberada *in vitro* por la unión de secuencias de ADN, provenientes de dos organismos distintos que normalmente no se encuentran juntos. Esto se puede hacer para estudiar la expresión de un gen, para producir proteínas en el tratamiento de una enfermedad genética, vacunas o con fines económicos y científicos.

4. ADN- Es el ácido desoxirribonucleico, donde se guarda toda la historia genética del genoma humano, que consiste de dos partes: el codificante (5% del genoma), que es nuestro viaje biológico en el mundo tridimensional del tiempo-espacio como Guerrero de las Sombras, que guarda y codifica toda acción genética en

nuestros cromosomas o genes; y el no-codificante (¿basura?), que es el archivo de nuestro viaje multidimensional antimaterial del espíritu como Guerrero de la Luz. Esta última sección está guardada en la parte que la ciencia ha llamado ADN basura, porque no parece participar en la parte de la codificación genética tradicional.

5. Antimateria- Lo opuesto a la materia, que la ciencia postula existía en proporción igual que la materia después del *Big Bang*, pero que se les ha perdido a los científicos desde entonces. Se cree que da origen a la materia, pero no saben cómo. ¿Ven qué clara y certera es la ciencia? Hoy en día, la antimateria es casi inexistente para las medidas científicas de nuestros instrumentos. En este libro, representa el reino del Guerrero de la Luz.

6. Apego- La necesidad o vicio emocional de repetir experiencias que sean agradables, sean físicas

o mentales. En su forma más inmadura, esta puede ser la peor adición que el ser humano puede experimentar, y es la fuente principal del sufrimiento. Puede ser una sensación apropiada en algunos casos, e inapropiada en otros.

7. Arquetipos- Es un modelo o ejemplo de ideas o conocimiento del cual se derivan otros tantos, para modelar los pensamientos y actitudes propias de cada individuo, conjunto, sociedad, incluso de cada sistema. Para Platón, era el estado de las ideas abstractas de donde nacía todo lo observable y medible en nuestro universo material.

8. Cojos espirituales- Es la relación de codependencia de los Guerreros de las Sombras, o los egoístas, que usan a otros como muletas para caminar por el sendero de sus vidas. Es una relación tóxica emocional, que amarra tanto al victimario como a su víctima en una trampa emocional muy difícil de escapar.

9. Dimensión- Es la forma en que percibimos nuestra conciencia de estar dentro del espacio en tres dimensiones de ancho, largo y profundidad o altura, más la percepción del tiempo. Esta forma de observar el universo no es igual para todos los animales. Por ejemplo, las hormigas solo ven dos dimensiones, y no perciben altura. ¿Será por eso que no se caen? La cualidad de poder observar un universo tridimensional depende de nuestra visión binocular y la manera de nuestro cerebro procesarla. Cuando perdemos la visión de un ojo, perdemos la visión tridimensional, pero no la de los otros sentidos. Si no mantenemos la distancia con otros objetos, definitivamente chocaremos y lo sentiremos en nuestro cuerpo, y los no-videntes pueden leer con los dedos las figuras tridimensionales del *braille*.

10. Ego (espejo realista)- En latín significa el Yo. En este texto se refiere al ser, que nos hace sentir como individuos y observadores del

universo que nos rodea. Esto es individualismo. Nos permite percibir lo mío y lo de otros, observar los efectos del tiempo: nacer, envejecer, enfermar y morir en nosotros, e interpretar la calidad de la vida con los sentimientos generados por nuestros cinco sentidos, en buenas y malas experiencias. De este nace la personalidad. En este libro, es el espejo realista que solo refleja la luz artificial de las emociones.

11. Egoísmo- Manera de convivir en el universo que usa el Guerrero de las Sombras, basado en la independencia e individualismo que nos hace sentir separados artificialmente en razas, colores, religiones, conocimiento y poder, en donde la acción y sus efectos no se observan como interdependientes. ¡Es el mundo de lo mío y lo tuyo, y no de lo nuestro!

12. Entrelazamiento cuántico- Fenómeno observable en la relación de partículas

individuales que interactúan en un estado cuántico interdependiente, donde las reacciones de un grupo de partículas individuales responden de manera grupal, como si tuvieran continuidad física y energética, como si no hubiera separación física entre ellas. Parecerían estar interconectadas sin importar la distancia entre ellas. Las respuestas de las partículas individuales parecerían ser instantáneas, sin separación temporal medible.

13. Entropía- Es un patrón de medida. En la ciencia física, aplica a la segunda ley de la termodinámica, la cual dice que los sistemas aislados tienden al desorden, es decir, las cosas tienden al caos a medida que pasa el tiempo. La comparo con la fuerza Yang, o centrífuga, de la tradición oriental.

14. Epigenética- La epigenética es una rama de la biología que pretende explicar por qué los organismos vivos expresan o activan unos

genes y silencian otros, para conformar así sus características físicas particulares y la susceptibilidad de desarrollar determinadas enfermedades. Esto contrasta con el concepto determinista de toda predisposición genética. Sugiere que factores externos, tales como estilos de vida, podrían influencian al ADN a cambiar su acción sin alterar su configuración genética. Se sospecha que estos cambios se controlan desde el ADN basura, al que de ahora en adelante llamaré el luminoso.

15. Esquizofrenia originada en la batalla- Estado de confusión mental donde el Ser manifiesta una personalidad doble, como Guerrero de la Luz o Guerrero de las Sombras, que lo hace vivir en un universo desequilibrado y que le trae mucha confusión y sufrimiento. La mayoría de estos creen que solo son Guerreros de las Sombras y consideran locos a los que creen ser Guerreros de la Luz.

16. Genoma- Es el conjunto de genes contenidos en los cromosomas, lo que puede interpretarse como la totalidad de la información genética que posee un organismo o una especie en particular.

17. Guerrero de la Luz- Representa la manifestación humana más pura de la luz y el amor, lo que en la tradición cristiana es el Cristo (hijo de Dios) y en la budista es el Buda. Es cuando el Guerrero de las Sombras reconoce su propia luz.

18. Guerrero de las Sombras- Es un Guerrero de la Luz que, durante sus muchas batallas y heridas emocionales, pierde la conciencia de su luz propia y se dedica a vivir en las sombras de su herencia divina.

19. Holograma- Proyección tridimensional obtenida de una imagen plana con técnicas de rayos láser. Hoy, se usa en espectáculos y cinematografía para transmitir la imagen de una persona en lugares distantes. Pronto estaremos

viendo esta tecnología en nuestros hogares. El científico Dr. Bhom estableció que de cualquier parte de un objeto o del universo se podría reproducir todo el original. Esto sugiere que la información de toda la imagen está contenida en cada una de sus partes, y que hay una forma de comunicación intrínseca entre todas ellas que no depende del tiempo y espacio.

20. La armonía de las esferas (música)- Es una antigua teoría de origen pitagórico, basada en la idea de que el universo está gobernado según proporciones numéricas armoniosas, y que el movimiento de los cuerpos celestes según la representación geocéntrica del universo — el sol, la luna y los planetas — se rige según proporciones musicales; las distancias entre planetas corresponderían, según esta teoría, a los intervalos musicales.

21. La ley de causa y efecto (ley del amor)- La aplicación de la tercera ley de Newton a las

experiencias resultantes de las acciones de los

guerreros durante su viaje interdimensional,

resulta en efectos o situaciones de diferentes

tonalidades emocionales, que no tienen

propósito punitivo individual, sino más bien

restablecer el equilibrio de la experiencia global

alterada por las causas. Muy parecido a nuestra

acción disciplinaria con nuestros hijos durante su

crianza, que a veces no les es muy agradable

según su limitado criterio, pero siempre se

motivan por el amor.

22. Libre albedrío- Parte de los atributos del ser

que, dentro de sus capacidades o limitaciones,

escoge la opción más beneficiosa en un

momento dado de su experiencia individual. El

libre albedrío no es igual para todos: varía según

su nivel de desarrollo espiritual, inteligencia,

situación social, política, ética y salud individual.

Se asocia con la voluntad del ser para actuar

con libertad relativa, según las opciones

disponibles a su experiencia durante su travesía

interdimensional. Esta visión, cuando está enfocada en el individualismo, genera la acción individual extrema conocida como egoísmo.

23. Los registros akáshicos- Son la memoria universal de la existencia, un espacio virtual multidimensional donde se archivan todas las experiencias del Guerrero de la Luz, incluyendo todos los conocimientos y las experiencias de las vidas pasadas, la vida presente y las potencialidades futuras. A mi parecer, estos están en un espacio holográfico virtual hilvanado por la energía del amor. El código para acceder este espacio se encuentra en el ADN "basura", que solo los Guerreros de La Luz más veteranos pueden descifrar.

24. Lucero de la paz- Es el veterano que resulta de la reconciliación del Guerrero de las Sombras y la experiencia obtenida en los campos de batalla de su vida, con el Guerrero de la Luz y sus experiencias obtenidas en su batalla interna con

su ego. Este ya comprendió, al final de la batalla, que la luz y la sombra pueden convivir en el universo en su ciclo infinito de grados de luminosidad, y que una no podría existir sin la otra. Este guerrero aprendió a vivir con los pies en la tierra pero sus ojos en el cielo, y a darse cuenta de que, sin su sombra, nunca podría descubrir su luz.

25. Maestros de armas (grandes *bodhisatvas*, hermandad blanca, profetas, etcétera)- Estos son los guerreros veteranos de muchas batallas, que derrotaron a sus guerreros de las sombras tanto en las batallas interiores como exteriores. Estos, aunque se han ganado su pasaje con las coordenadas de regreso, por su compasión y compromiso con los Guerreros de la Luz todavía en batalla, vuelven a ayudar en la contienda.

26. Materia- De lo que está compuesto nuestro universo entendible, medible y visible, siendo el cinco por ciento del todo en el cual vivimos, y

que está tejido con la naturaleza del espacio y tiempo, con un principio y un final. En este libro este es el reino del Guerrero de las Sombras.

27. *Matryoskas*- Una *matryoska, matrioshka, mamushka* o muñeca rusa (en ruso: Матрёшка /mʌˈtrʲoʂkə/) es un conjunto de muñecas tradicionales rusas creadas en 1890, cuya originalidad consiste en que se encuentran huecas por dentro, de tal manera que en su interior albergan una nueva muñeca, y esta a su vez a otra, y esta a su vez otra, en un número variable que puede ir desde cinco hasta el número que se desee, siempre y cuando sea un número impar, aunque por la dificultad volumétrica, es raro que pasen de veinte.

28. Meditación- Técnica "inalámbrica" de comunicación en un formato parecido a nuestro lenguaje universal original, que fue una de las tácticas que nos enseñaron nuestros maestros de armas para restablecer o recordar nuestras

líneas de abastecimiento en la batalla junto a nuestra fuente de luz, el Espejo Mágico.

29. Mente primordial, o el Espejo Mágico/máquina del tiempo- El origen de las dos mentes, la transcendental o antimaterial y la mente relativa o material, que son manifestaciones de conciencia del Guerrero de la Luz y del Guerrero de las Sombras, respectivamente. Representa el estado potencial de todo el proceso creativo del universo que existía antes del *Big Bang*. Es el vehículo o máquina del tiempo que permite al guerrero completar su viaje exploratorio.

30. Mente relativa o racional, o el Guerrero de las Sombras- Es el estado de confusión en que el Guerrero de la Luz puede caer cuando se lesiona por las muchas heridas emocionales en sus batallas en la escuela de la vida. Es la imagen reflejada en el Espejo Mágico que es la mente primordial, que está manchado o empañado en su superficie.

31. Mente trascendental o el Guerrero de la Luz-
Es el estado más elevado que puede retomar el
ser humano durante sus batallas en la escuela
de la vida. Es la imagen reflejada en el Espejo
Mágico, sin manchas en su superficie.

32. Perdón- Es el *Windex* o bálsamo de sanación
para limpiar todas las impurezas y manchas de
nuestro espejo o mente transcendental.

33. Personalidad- Es la programación o software
que nos han hecho creer define lo que somos.
Se genera de una combinación de las
características hereditarias de ambos padres y
las experiencias adquiridas o aprendidas de
nuestros padres, amigos, maestros, religiones,
libros, ambiente social y los medios de
comunicación.

34. Serendipia- Es un descubrimiento o hallazgo
afortunado e inesperado que se produce cuando
se está buscando otra cosa distinta. También
puede referirse a la habilidad de un sujeto para

reconocer que hizo un descubrimiento importante, aunque no tenga relación con lo que busca. En términos más generales se puede denominar así también a la casualidad, coincidencia o accidente.

35. Sinergia - La fuerza opuesta a la entropía, comparable a la fuerza Yin o centrífuga que completa el baile místico de la creación.

36. Tercera ley de Newton (principio de acción-reacción)- Cuando un cuerpo ejerce una fuerza sobre otro, este ejerce sobre el primero una fuerza igual y de sentido opuesto. En términos espirituales, la ley de causa y efecto (*dharma-karma*) parecería aplicar en un universo holográfico, impersonalmente a nuestras acciones buenas o malas en nuestra interacción con otros seres.

37. Tiempo- Es una definición muy subjetiva de la experiencia del observador cuando interpreta una serie de eventos con sus cinco sentidos y,

basado en la capacidad cerebral de la memoria, los divide en segmentos imaginarios de presente, pasado y futuro. Para determinar el tiempo, utilizamos referencias a los cambios observables de las estaciones o climas y la rotación del día y la noche. Basado en estos cambios, el hombre ha dividido el tiempo en secciones de segundos, minutos, horas, días, meses, años, siglos, etcétera. ¡Ahora entienden porque es tan difícil llegar a tiempo a las citas!

38. Transferencia genética horizontal- También conocida como transferencia genética lateral (TGL), es un proceso en el que un organismo transfiere material genético a otra célula que no es descendiente, sin proceso reproductivo. Por el contrario, la transferencia vertical ocurre cuando un organismo recibe material genético de sus ancestros, por ejemplo, de sus padres o de un ancestro de quien ha evolucionado. La mayoría de los estudios sobre genética se han centrado en la prevalencia de la transferencia

vertical, pero actualmente existen evidencias que indican que la transferencia horizontal es un fenómeno significativo. La transferencia artificial de genes horizontal es igualmente lo que ocurre en la ingeniería genética.

39. Trascendente- Aquello que trasciende lo físico, que algunas personas llaman lo metafísico. Se refiere al universo antimaterial, en donde los conceptos de tiempo y espacio no existen y equivale al mundo de la física cuántica (el reino del Guerrero de la Luz).

CAPÍTULO I

EL ESPEJO MÁGICO REFLEJA SU CREACIÓN EN SU EXPLOSIÓN IMAGINATIVA

Y en el principio solo existía la oscuridad, pero, en su sueño, vio en su Espejo Mágico o mente primordial todas las posibilidades de su creación reflectora, y una gran explosión de luz le despertó y, al abrir los ojos, vio su imagen en el espejo y ya no estaba solo.

¿De dónde surge el universo? En un estado inicial inconsciente y aparentemente vacío de toda cualidad y característica, surge espontáneamente la primera manifestación de la luz, o yang, y la oscuridad, o yin. A partir de ese instante, se manifiestan, como en un arco iris, todas las tonalidades potenciales de imágenes en el universo. Es parecido a la formación espontánea de una matriz de linajes jerárquicos que, según descienden, se hacen menos puros y más densos según se distancian de su origen. Es esta matriz multidimensional la que forma la madeja de nuestra consciencia de ser, que podríamos comparar científicamente a nuestra herencia (ADN) espiritual. Finalmente, el universo podría considerarse como una continuidad incesante de ciclos infinitos de evolución e involución, parecido al día y la noche, donde la luz y la oscuridad están en una transición de tonalidades que fluctúan entre los extremos de la luz y la oscuridad. Son tanto la naturaleza centrífuga, yang - que separa, repele o siembra, y la centrípeta, yin - que une, atrae o recoge, las fuerzas que mantienen la matriz en su entrelazamiento cuántico de amor (vean el glosario).

Luego del *Big Bang* de amor ocurre la fase expansiva, o centrífuga, pero esta incluye la fase centrípeta la cual, en su manifestación máxima, acabará recogiendo la luz en un gran hoyo negro, de donde nacerá otro ciclo de expansión universal. La fuerza centrífuga tiene como propósito ayudar a los viajeros o Guerreros de la Luz a descubrir todos los tesoros escondidos en las sombras de la creación (Espejo Mágico).

Desde este momento del *Big Bang*, el ser empieza su infinito viaje de descubrimiento en la inmensidad de su Espejo Mágico o mente primordial, de donde nacen el Guerrero de la Luz, que es la mente transcendental, y el Guerrero de las Sombras, que es la mente relativa, los cuales se enfrentarán en las batallas de la gran escuela de la vida: el universo. Durante esta navegación mental por las dimensiones, el guerrero, según se opaca su espejo con sus experiencias o cicatrices emocionales, va perdiendo el recuerdo de su lugar de partida y hogar. Se convierte en un deambulante, y la soledad lo lleva al mundo oscuro de las emociones. *Este proceso nos hace sentir como viajeros sin rumbo, abandonados en el tiempo.*

Viajeros deambulantes en el tiempo

Debemos entender que nuestro viaje universal es un viaje de descubrimiento interior hacia los lugares más remotos de las diferentes dimensiones de nuestro ser. La mente primordial, que es el Espejo Mágico, se convierte en una máquina de navegar por el tiempo, y nuestra memoria del recorrido es el único mapa que nos garantiza nuestro camino de regreso.

El viajero interdimensional de la luz debe recordar la misión encomendada de llevar la información de las coordinadas de navegación a otros viajeros deambulantes, quienes se perdieron en su travesía y olvidaron su ruta de regreso. *Nunca olviden que el inicio fue como un viaje turístico sin un lugar de origen, sin escalas preprogramadas y sin un destino final.*

Más que un viaje, parece ser una expedición de exploración de nuevos universos, donde el viajero, como en una comedia improvisada, va escogiendo sus escalas, o chistes, con su libre albedrío según mejor se le ocurre y el público le aplaude.

Somos "satos"

La experiencia de compartir el viaje con otros

viajeros difiere de la pureza inicial que vimos reflejada en nuestro espejo-mente, cuando nos encontramos con las imágenes divergentes reflejadas en los espejos de otros viajeros. Entonces, los viajeros nos convertimos en "satos", que portamos una mezcla mental progresivamente cambiante de nuestro linaje "pura sangre" original. Recuerden esto, *ya que lo necesitaremos para nuestro viaje de regreso*. Este proceso culmina cuando el viajero del tiempo llega a la tercera dimensión, donde por primera vez aparecen el tiempo, el espacio, la materia, la mente racional, los contrastes de los opuestos, el organismo biológico humano y sus cinco sentidos.

Es en la reflexión del espejo de esta dimensión que el guerrero empieza a confrontar las sombras que lo llevaran al campo de batalla y, por primera vez, al miedo y al sufrimiento. Es aquí donde el libre albedrío se complica ante todas las opciones tentadoras que refleja nuestro espejo cuando se enfrenta a las emociones que influencian su decisión. Y es en esta experiencia que la ley del amor, o de causa y efecto, se transforma en la ley del *karma*, para ayudar al guerrero corregir los errores que lo llevaron a la batalla y el sufrimiento.

Las manchas del espejo: el origen del conflicto bélico

Podríamos comparar la mente primordial, la cual da origen al universo como lo conocemos, a un Espejo Mágico que refleja la imagen que el observador ha creado durante su travesía multidimensional. La pureza de la reflexión será afectada por la transparencia del cristal, y por la claridad de la visión del observador. Nuestras experiencias subjetivas negativas podrían empañar el espejo como las manchas impresas por nuestros dedos, enlodados por nuestras emociones. Parecería entonces que la mente podría crear en nuestro Espejo Mágico tanto paraísos como infiernos, dependiendo de la experiencia en nuestra travesía por el campo de batalla.

Los primeros presagios de que se avecina una gran batalla ocurren cuando el Guerrero de La Luz empieza a empañar la superficie de su espejo-mente con la percepción de existir aparentemente aparte del universo que lo rodea, y no ser parte del mismo, y empieza a confundir su sombra con la verdadera imagen de su espejo. El proceso cognoscitivo del guerrero en su travesía hace que su miopía espiritual progrese, a tal punto que la imagen en su espejo se asemeja a su sombra, y así aparece el Guerrero de las Sombras, su futuro archienemigo.

Debemos comprender que todas las cualidades que el guerrero empieza a reconocer en su espejo estaban inherentes en la mente primordial desde el principio, como expresaron Platón y el Buda: "conocer es recordar lo que ya hemos olvidado". Aparecieron en su manifestación dual de luz y sombras después del *Big Bang*, cuando el Guerrero de la Luz las recordó.

El viaje multidimensional culmina cuando ambos Guerreros, la luz o amor y la sombra o conocimiento, se unen y gestan el lucero de la paz (entendimiento,

Cristo, Buda). Es el Guerrero de la Luz dentro del Guerrero de la Sombra.

La mente primordial, la mente transcendental, o antimateria y la mente relativa, o materia

Deben repasar en mis primeros libros los conceptos del universo antimaterial y el universo material, y entender que del antimaterial surge el material, aunque la ciencia no sepa como ocurre. Las batallas de los Guerreros de la Luz y de las Sombras solo ocurren en las tres dimensiones del universo material, y es a ese proceso que nos referiremos.

Mente relativa o material	Mente trascendental o antimaterial
El ser como Guerrero de las Sombras	El ser como Guerrero de la Luz
Perceptible-absoluto	Imperceptible-relativo
Espacio-tiempo	Sin tiempo-espacio
Es determinista:	Es probabilístico:

	Nada es imposible en este estado.
Nace y muere en la dimensión de espacio y tiempo. *Tiene miedo y cobardía.*	La muerte es un cambio en manifestación de la materia a energía. *Es inmensamente valeroso y sacrificado por sus hermanos en la batalla.*
Es reduccionista: Las partes de este universo parecen actuar en independencia de las otras con individualismo y egoísmo. Todo suceso tiene una causa externa y previa al evento. *Siempre busca culpar al otro por sus derrotas en la batalla.*	Es holística: El universo es un todo holográfico y unificado, cuyas partes interaccionan unas con otras instantáneamente. Todo evento, en sus partes, repercute en todas las otras partes de manera interdependiente. *Comparte la*

	responsabilidad de todo lo ocurrido en el campo de batalla, no cree en la culpa.
El observador observa el universo como algo fuera de sí mismo y no se siente parte del mismo. La realidad es externa e independiente de él. *En la batalla, cuida solo de su propia vida.*	El observador es parte interdependiente de su universo, él es un microcosmos de su macrocosmo y mantiene una relación holográfica con el todo. El universo que lo rodea es cambiable con la intención de su pensamiento. *Nunca deja descubiertos los flancos de sus compañeros, ni deja un herido o muerto en la batalla.*
Se basa en el conocimiento de	Se basa en el conocimiento de un

"verdades o leyes absolutas". El tiempo es absoluto en todo lugar del universo. El universo es tridimensional. *No sabe cuándo aceptar su derrota y buscar la paz.*	universo continuamente cambiante en ciclos infinitos, con "tendencias a existir" o "tendencias a ocurrir". El tiempo no existe. El universo es multidimensional. *Él puede ver en la derrota una experiencia para empezar de nuevo, y perdonar sin venganza.*

Mientras más destinos viaje con la máquina del tiempo que es su mente, y más prolongada se haga la travesía del Guerrero de la Luz, más se nublan los recuerdos de nuestro origen y el propósito inicial del mismo. El libre albedrío nace de las experiencias variadas en las rutas viajadas.

El libre albedrío parecería ser como un cupón de viajero frecuente con millaje ilimitado

Este cupón nos permite cambiar nuestro rumbo indiscriminadamente, con el único inconveniente de que no nos cubre los gastos de la estadía. La consecuencia es que tendremos que trabajar o aprender en cada destino para poder disfrutar y salir hacia el próximo camino.

Cada nuevo destino dimensional al que llegue con su máquina del tiempo, representa un horizonte de nuevos conocimientos contrastantes que activa el proceso de escoger el nuevo rumbo, activando el libre albedrío como una herramienta para el aprendizaje. Algunas de estas rutas resultan ser más agradables, placenteras o rápidas que otras, y el guerrero las rotula en su mapa para referencia futura.

Debemos recordar que cada nueva ruta y la creación de experiencias emocionales lo aleja más de la luz, y empaña más el espejo de su mente. Esto hace que su sombra parezca ser más notable en la reflexión del espejo, donde la proporción de la manifestación de características del Guerrero de la Sombra van aumentando y las del Guerrero de la Luz van disminuyendo según progresa en su viaje descendiente dimensional.

Un día, atraído por las emociones como Ulises por el canto de sus sirenas, el guerrero descubre el reino de las sombras, que es el campo de batalla de sufrimiento y placer, que a su vez es el universo material del espacio y tiempo donde se encontrará a su archienemigo, el Guerrero de la Sombra. Aquí, nuestro guerrero empieza la interminable serie de batallas donde recibe e inflige innumerables heridas.

El ego: la bruja del cuento de Hansel y Gretel

El problema es que, al igual que a Ulises en su travesía, el canto tentador de las emociones es similar al de las sirenas de la fábula y es la causa principal de la creación del ego y su primogénito, el egoísmo, con todas sus características resultantes (vean definición de ambos). Implica que según nos adentramos más en los mundos del tiempo tridimensional, más se nos borran las coordenadas de los lugares recorridos y de nuestro origen. Tal y como pasó en la fábula de Hansel Y Gretel, cuando el mapa de migajas fue comido por los pájaros hechizados por la bruja, así nuestro ego "hechiza" nuestras emociones para obstaculizar el retorno a nuestro hogar, tentándonos con la casa de dulce del mundo material para atraparnos en las sombras de la luz.

Es de esta manera que el Guerrero de la Luz va cayendo en las sombras, según se opaca el reflejo de la luz en su Espejo Mágico. Esto progresará a tal grado que todo lo que él verá en el espejo de su mente son Guerreros de las Sombras, inclusive en su propia imagen. En este momento, el guerrero ha olvidado su origen luminoso y el propósito de su viaje.

Como es adentro es afuera. ¡En el espejo de nuestra mente, nuestro peor enemigo es creado por nuestras emociones negativas, y somos nosotros mismos!

El Guerrero de la Sombras, y las emociones que lo encarcelan en este universo, lo ayudan a borrar todo recuerdo de las coordenadas que guardó en su máquina del tiempo para volver a su origen.

El origen de las emociones

Las emociones nacen de la interpretación subjetiva por el Guerrero de la Luz de sus experiencias contrastantes durante las travesías en su máquina del tiempo. Estas, basadas en su experiencia previa, podrán ser clasificadas en buenas, malas o neutras. La tendencia del observador es repetir las buenas, evitar las malas e ignorar las neutras. El repetir o mantener experiencias buenas genera felicidad, y perder o no obtener las buenas genera sufrimiento.

El deseo de mantenerse siempre teniendo emociones buenas se conoce como apego (glosario), y es este apego a las emociones buenas lo que genera el sufrimiento cuando no las obtenemos.

El Guerrero de las Sombras nunca puede ser feliz

El reino del Guerrero de las Sombras es nuestro universo tridimensional, donde rigen las leyes del tiempo y espacio. En este universo, las leyes de termodinámica ubican el proceso de la materia en un continuo cambio de materia a energía, y toda estructura física se separa en sus partes por su propia entropía (vea glosario). Ahí es donde vemos deterioro, envejecimiento y oxidación. Esto crea en el observador una inseguridad o miedo, por la naturaleza cambiante o cíclica del universo, incrementado por la falta de control para evitar todo este cambio.

Esta inseguridad y su apego a las experiencias buenas genera el sufrimiento en los guerreros que habitan en este reino. Si amplificamos la experiencia con la subjetividad de cada observador sobre lo que es bueno o malo, nos daremos cuenta de por qué discrepamos tanto los guerreros de este reino.

El origen del sufrimiento del Guerrero de las Sombras

El guerrero que no entiende de dónde viene y quién realmente es, se siente perdido en una batalla interminable con el tiempo y el cambio que él mismo ha creado con sus hábitos. También, sufre la discrepancia que tiene con otros seres sobre lo que realmente es la felicidad.

Vivir, si lo hacemos con egoísmo y falta de conciencia de nuestra interdependencia con las leyes del universo y otros seres, se convierte en una pesadilla de sufrimientos con momentos breves de felicidad.

Podemos concluir el capítulo entendiendo que el origen de las batallas del guerrero son el egoísmo y la competencia por el poder, para así obtener lo que le da placer y la capacidad para preservarlo.

Asignaciones

Ejercicio para encontrar la matriz invisible del universo que refleja nuestro espejo-mente.

1. Observemos todo los que nos rodea con

nuestros cinco sentidos, como la imagen de un espejo.

a. ¿Podemos ver, oler, sentir, oír y saborear todo lo que sabemos que existe? Sabemos que no podemos. Pensemos en las cosas que sabemos existen, pero que no podemos percibir.

b. ¿Alguna vez hemos visto el viento que mueve las ramas de un árbol?

c. ¿Alguien ha visto o sentido los rayos X durante los estudios radiológicos, o visto o sentido las infinitas emanaciones de rayos del sol, que nos bombardean y traspasan nuestros cuerpos?

d. ¿Alguna vez hemos visto los incesantes pensamientos que nuestras mentes producen?

e. ¿Alguien puede decirnos con certeza en

dónde se encuentra la mente, y describir su configuración?

f. ¿Alguien puede ver y localizar dónde ocurren nuestras emociones?

g. ¿Vemos todos los millones de organismos microscópicos y sub-microscópicos que viven en toda superficie de nuestro cuerpo? Mirando al cuerpo externamente, no podemos ver todos los tipos de células de las que están compuestos todos los órganos. La mayoría de las cosas que acabo de mencionar nadie las pone en duda, pero nadie nunca las ha visto sin instrumentos especiales.

2. Estas simples observaciones nos hacen comprender que no todo lo existente es perceptible, y que no solo lo perceptible es lo existente. ¿Ya están encontrando dónde está el resto del universo?

3. Observen su imagen en el espejo y noten todo lo que ven, sin enjuiciar, y busquen cuál es su origen. Visualicen todo lo que piensen, vean, huelan, toquen, saboreen u oigan como reflexiones de su espejo-mente. Observen cómo cambia su imagen al recordar eventos desagradables y agradables de su pasado. Traten de ver u oír las corrientes eléctricas que crean la conducción nerviosa de esos pensamientos. Palpen la superficie de sus cuerpos y de los objetos que les rodean. Observen su textura, solidez y elasticidad. Miren sus manos, y entiendan que están compuestas de tejido muscular, cartílago y hueso, que a su vez está compuesto de células invisibles, de moléculas y compuestos orgánicos y que en última instancia está hecho de partículas subatómicas invisibles.

4. Todas las otras partes de sus cuerpos están constituidas por las mismas partículas elementales, o átomos. Pero, ¿por qué las

vemos tan diferentes? ¿Cómo aprendimos a diferenciar nuestro universo? Los nombres asignados a estas cualidades, ¿son iguales para todos los lenguajes? Observen cómo, a lo largo de sus vidas, sus acciones han influenciado a otros y las de otros a ustedes.

5. Al final mediten en silencio sobre lo observado y contesten: ¿dónde está mi yo visible o individualidad? ¿Dónde esta mi parte invisible? ¿Dónde esta lo que sufre y ama? Observen si hay cambios en su imagen del espejo. ¡Si lo encuentran, envíenme un correo electrónico, y díganme dónde lo encontraron!

Preguntas de bono (para subir la nota)

1. ¿Por qué se sugiere en este capítulo que aprender es solo recordar lo que hemos olvidado?

2. ¿Cuál parecería ser el propósito del viaje del Guerrero de la Luz?

3. ¿Qué razón, si alguna, tiene la experiencia del sufrimiento?

4. ¿Por qué la luz y la sombra no pueden existir una sin la otra?

5. ¿Cómo podemos reconocer al enemigo en nuestro campo de batalla?

CAPÍTULO II

LA BATALLA DE LOS GUERREROS DE LA LUZ Y DE LAS SOMBRAS: EL INICIO

Aunque la ley de causa y efecto existe en los planos dimensionales de la mente primordial (Espejo Mágico, luz y amor), no existe en ellos el concepto del libre albedrío, el cual rige las manifestaciones contrastantes que ocurren en nuestro universo tridimensional de tiempo y espacio.

Las manchas que opacan nuestros espejos: las causas de nuestra confusión y desconexión de nuestro origen

En el capítulo anterior, dijimos que la pureza de la reflexión será afectada por la transparencia del cristal del espejo y la claridad de la visión del observador, e implicamos que estas manchas fueron hechas con nuestros cinco sentidos, como dedos enlodados por las emociones tóxicas que experimentamos en nuestras batallas de la vida

73

terrenal. Es como si cada cicatriz emocional del campo de batalla se reflejara como una grieta en el espejo de nuestras mentes. Mientras más batallas, más cicatrices y menos pureza en la reflexión del espejo.

Al igual que en el plano tridimensional, donde rige el tiempo y el espacio, en los planos multidimensionales del universo de la antimateria existen "lenguajes" o códigos para promover la comunicación entre sus habitantes. Pero debemos entender que en los reinos superiores existía un solo tipo de comunicación o lenguaje común, que permitía la comunicación sin interferencias de sus partes con ellas mismas y su fuente de luz, el Espejo Mágico. Esta conexión luego se pierde durante la travesía de los guerreros en el universo tridimensional material.

Esto explicaría el verdadero significado bíblico de la torre de Babel, donde los Guerreros de las Sombras no querían continuar su travesía y solo pretendían ascender y recobrar los códigos del lenguaje común de los Guerreros de la Luz, sin un pasaje de regreso que solo podían obtener por su experiencia de aprendizaje en su viaje.

Al principio, la manifestación yang o centrífuga controla el proceso

Este recorrido inicial en nuestra máquina del tiempo que es el espejo-mente tenía, como todo viaje, un itinerario de salida dividido en escalas que representaba la fase yang o centrífuga y explosiva del *Big Bang*.

La desventaja inicial de tener un lenguaje universal era que favorecía la inercia centrípeta de la fase yin, manifestada en la actitud de conformidad del guerrero de quedarse en su destino inicial. Además, no despertaba el apetito exploratorio de descubrir nuevos destinos y experiencias dimensionales, que es fomentado por la fase centrífuga del proceso creativo.

El lado oscuro de la desconexión fue la pérdida progresiva de la memoria o acceso a sus registros akáshicos

La desconexión lingüística, representada en la

alegoría de la torre de Babel, fue la que inclinó la balanza inicialmente a la fase exploratoria y expansiva del viaje interdimensional. Resultó ser que mientras más se extendían las escalas interdimensionales, más se olvidaban los guerreros de su lenguaje universal. Esto fomentó un aumento incesante de dialectos, que dificultaba y entorpecía el compartir sus experiencias de viajes y distorsionaba su recuerdo de las mismas.

Al llegar a la dimensión del espacio-tiempo, ocurrió la desconexión lingüística más severa y el olvido total de que éramos viajeros del tiempo con una misión clara. Como mencioné en capítulos previos, la soledad existencial de esta experiencia da origen al nacimiento del ego, las emociones y el sufrimiento que previamente discutimos.

Esta incapacidad de compartir un lenguaje común, más las influencias geográficas, raciales, sociales y hereditarias, fue lo que originó la extensa variedad de experiencias subjetivas que avivaron el fuego, lo que a su vez dio inicio a todas las batallas históricas que los Guerreros de la Luz experimentamos.

Así, se origina la separación de la memoria del continuo mental de la luz y de las sombras, que representan respectivamente el linaje del ADN antimaterial o Guerrero de la Luz, y el linaje del ADN material-biológico o Guerrero de las Sombras. Luego, veremos que el código de navegación para regresar a nuestro hogar con nuestra máquina del tiempo está archivado en nuestro ADN antimaterial.

El propósito primordial del guerrero es recordar o descifrar ese código, sanando toda la opacidad creada en su espejo por las experiencias emocionales en sus batallas. La desconexión de estos dos linajes es la razón principal de la aparición de nuestro ego, que representa la luz artificial que crea el Guerrero de las Sombras para guiarlo en su travesía.

Este ego se convierte en el espejo realista, donde se reflejan solo las imágenes egoístas que nos dan placer a algunos y sufrimiento a otros. El egoísmo y su pariente cercano, la ambición, se convierten luego en la fuerza motriz que rige las vidas de los Guerreros de las Sombras, quienes deciden iniciar guerras contra todos los que no concuerdan con su visión.

La búsqueda de la felicidad y el evadir el sufrimiento: la raíz de las causas de la batalla de los guerreros

La búsqueda de la felicidad es una de las pocas acciones en las que los seres humanos tienen concordancia absoluta, aunque no estemos de acuerdo en qué es o cómo encontrarla.

Debemos entender que, aunque el guerrero olvidó progresivamente su origen y linaje luminoso, todavía guarda el recuerdo de su estado superior, lo que subconscientemente genera una sensación de vacío o soledad que se manifiesta con melancolía y tristeza, como lo que sentimos al perder un ser querido. Es esta sensación la que el guerrero trata de llenar con las experiencias emocionales, ficticias y cambiantes que genera el ego dentro del universo material.

Estas experiencias cambiantes que siempre llevan al ciclo de nacer, envejecer y morir, es lo que en la tradición oriental se llamó *samsara*, el ciclo del renacimiento y la muerte. Debemos entender que tanto la soledad como la separación son ilusiones del ego, que no puede reconocer la inmensa plenitud de la luz y el amor que llena todo el espacio de la creación.

La comunicación entre los guerreros es compleja, ya que el Guerrero de la Luz va entrando en sus sombras muy gradualmente, según las experiencias emocionales tóxicas de su espejo siguen empañando su visión. Además, se amplifican con su esfuerzo de compartir su experiencia con otros, lo que resulta en la contaminación de los espejos de otros guerreros. Esto podría explicar los errores que históricamente hemos cometido al llevar el mensaje del Espejo Mágico en una forma sectaria y religiosa.

Las reglas de enfrentamiento y los frentes de guerra en este campo de batalla no están muy claros

Aunque los dos bandos buscan una victoria, no tienen los mismos objetivos y, por lo tanto, las reglas de enfrentamiento son muy variables según el guerrero y su situación. La dificultad de establecer las reglas de enfrentamiento se complica aún más, porque la guerra en realidad ocurre entre Guerreros de las Sombras en diferentes niveles de confusión emocional, aunque en su uniforme externo sean muy similares.

En este conflicto, los Guerreros de la Luz solo podrán participar en la capacidad de "asesores" de los Guerreros de las Sombras que les permitan su apoyo, ya que estos residen en el espejo-mente de cada uno.

Propósito de batalla del Guerrero de la Luz- Liberar la luz dentro del Guerrero de las Sombras activando su código de sanación, o el perdón, que es como el *Windex* para su espejo, ayudándolo a sanar sus heridas emocionales de manera que pueda pulir su espejo de todas las impurezas que no lo dejan ver su luz. Este guerrero no cree en la fuerza de confrontación, sino más bien en la lógica, entendimiento, compromiso y el perdón, y tiene paciencia infinita para conseguirlo.

Propósito de batalla del Guerrero de las Sombras- Sembrar terror y miedo en las filas de los guerreros de la oposición con tácticas frontales masivas, ataques bacteriológicos, de sorpresa y de sabotaje e infiltración, de tal manera que aumente las heridas emocionales que empañan más aun sus espejos, y que no le permiten al guerrero recordar su origen. El ego también les tienta con ofertas de poder económico, político y religioso si defienden la bandera de las sombras.

Los dos frentes de batalla del Guerrero de la Luz

El Guerrero de la Luz, según enfrenta las batallas emocionales de su vida en su experiencia terrenal, comprende que ha creado una guerra imaginaria con dos frentes de batalla: la batalla interior con su Guerrero de las Sombras, y la batalla exterior con otros Guerreros de las Sombras. Para asegurar la victoria en su batalla, tiene que aceptar su responsabilidad en la creación de sus dragones imaginarios basado en su ignorancia en esa etapa de su jornada. La ironía de esta guerra es que nunca se puede ganar matando nuestros propios enemigos imaginarios, ya que estos crean nuevos refuerzos de guerreros ficticios por las lesiones auto-infligidas en nuestras batallas internas.

Esta dualidad de frentes del conflicto le hace imposible al guerrero tener momentos de paz duraderos, ya que aun cuando obtiene una victoria en uno de sus frentes, tiene que seguir batallando en el otro. De las dos batallas, la peor es la batalla interior, porque sus enemigos imaginarios, en su subsconsciencia, utilizan técnicas de guerrilla y sabotaje, que pueden no ser obvias hasta el momento en que aparece la crisis.

La batalla interior con su propio Guerrero de las Sombras

El más peligroso de los guerreros en la batalla es nuestro guerrero interior, porque trabaja por sabotaje y camuflaje de su presencia en los planos más profundos de la mente-espejo. Los avisos de alarma son muy sutiles, tales como enfermedades mentales (depresión, ansiedad, bipolaridad) y enfermedades físicas (cáncer, degenerativas, auto inmunes) en las cuales los remedios terapéuticos pueden ser peor que la enfermedad. Debe ser nuestra responsabilidad, ya que fuimos los causantes de estas lesiones emocionales, sanarlas. En otros capítulos hablaremos de los remedios que aplicaremos con nuestro botiquín de primeros auxilios en el campo de batalla.

La batalla exterior con los Guerreros de las Sombras, quienes lo acompañan en su viaje

En esta batalla es más fácil reconocer a nuestros enemigos y sus tácticas, porque son guerreros que están perdidos en las sombras de su espejo, y no pueden reconocer la luz en otros porque no la ven en ellos. A estos les gusta competir por todo lo que las sombras les proveen: placer, reconocimiento y poder sobre otros guerreros. Su máximo esfuerzo es para opacar la luz en nuestros espejos, denigrando nuestra auto estima y nuestra conexión con la luz de nuestros Espejos Mágicos. Esta batalla la llevaremos a cabo en nuestro país, hogar, familias, escuelas, trabajos e iglesias. Las armas más importantes que tiene el guerrero para sobrevivir son la paciencia y la compasión con nuestros hermanos en la travesía, como el gran maestro Jesús dijo, "Padre, perdónalos porque no saben lo que hacen." (Lucas 23:34)

Para ser exitoso, el guerrero debe enfocar sus fuerzas en su frente de batalla interior, ya que es en este que se decide el desenlace final. La razón primordial de esto es que las tácticas y armas que él necesitará para ganar la batalla en su frente externo, las obtiene de sus victorias internas. Al final, en la victoria de su batalla interior, el Guerrero de las Sombras ya recordó gran parte de su linaje o código de sanación, y se convierte nuevamente en el Guerrero de la Luz.

Para enfatizar lo anterior les comparto esta cita.

Las armas del verdadero Guerrero de la Luz son la compasión y la paciencia para esperar que el otro aprenda lo que el ya aprendió.

Asignaciones

Revisemos la historia de nuestra vida. Recordemos los momentos más felices de la misma. ¿Fueron estos logros cosas materiales, tales como honores, diplomas, propiedades, autos o riquezas? ¿O fueron eventos no tan prácticos, como el matrimonio, el nacimiento de un hijo o nieto, una graduación o el éxito de un ser querido? ¿Cuántos eventos conseguidos gracias a metas materiales tuvieron consecuencias no tan agradables más tarde? Como por ejemplo, la responsabilidad de pagar un auto nuevo o la hipoteca de una casa. Las metas educativas y los diplomas, ¿les trajeron lo que esperaban obtener de los mismos, o solo le añadieron responsabilidades y obligaciones a su vida?

Toda su planificación y adquisición de bienes y reconocimiento público, ¿pudo evitar los muchos momentos tristes de su vida, como la muerte y enfermedad de un ser querido, o el divorcio de sus padres dentro de su aparente opulencia? ¿Cuántas cirugías cosméticas necesitaremos para mantener la ilusión de la juventud eterna? No hay cirugía que pueda borrar las cicatrices emocionales de nuestros corazones (espejos) cuando ya han envejecido hasta el punto que no pueden amar las cosas sencillas de la vida.

Revisemos nuestras vidas y recordemos a cuántas batallas con Guerreros de las Sombras les debemos todos nuestros logros, y demos gracias. Es una lista interminable, empezando por nuestros padres, quienes también tenían sus sombras. Ahora, meditemos en silencio sobre todas nuestras experiencias de batalla y sus consecuencias o derrotas.

Comprendamos cómo nuestras acciones afectan a los demás directa o indirectamente, y cómo las de los otros hacen lo mismo con nosotros. ¿Nos sentimos como imágenes puras del Espejo Mágico, o como reflexiones ficticias de un espejo empañado por las cicatrices emocionales de nuestras batallas? Acabemos con una meditación en silencio. De nuevo, busquen en dónde está su Guerrero de la Luz.

Preguntas de bono (para subir la nota)

1. Si la felicidad es un estado de bienestar creado por la reflexión de la mente-espejo, ¿qué debo hacer para aminorar las experiencias de sufrimiento que experimento?

2. ¿Existe la oscuridad o maldad en los guerreros? Si no existe, ¿por qué hacemos acciones que crean sombras (sufrimiento) en otros?

3. ¿Dónde podemos encontrar el amor en este mundo tan conflictivo? (Sugerencia: ¡busquen un espejo muy limpio!)

CAPÍTULO III

RETUMBAN LOS TAMBORES DE LOS GUERREROS: LOS PREPARATIVOS PARA LA BATALLA

La coprogramación y corresponsabilidad en el mantenimiento de nuestro software primordial - Primeras señales del conflicto inevitable

Todas las situaciones que generan discordia y sufrimiento para los guerreros, tanto el guerrero interno como los guerreros exteriores, nos indican que la batalla está cerca según progresan en frecuencia e intensidad. Aunque la concordancia en diferentes ejércitos y alianzas de estos guerreros se puede basar en divisiones raciales, religiosas, económicas o políticas, la motivación principal que lleva a un bando a atacar al otro es un deseo de usurpación de poderes políticos, geográficos y económicos, y la imposición de aquellos que favorezcan al ganador. Y aunque parezca que el beneficio de la guerra es para todos

89

los Guerreros de las Sombras, solo una minoría de estos controlan la decisión bélica y disfrutan de los beneficios.

¡Debemos hacerle caso a los avisos de nuestro cuerpo, ya que este primero nos susurra con síntomas, luego nos habla con enfermedades y finalmente, si no hacemos caso, nos grita con cáncer y enfermedades avanzadas!

Señales en el guerrero interno que presagian el conflicto

1. Deterioro progresivo en la salud física y bienestar general de los guerreros, creado por los estilos de vida tóxicos, promovidos por las industrias que se lucran de esta situación: farmacéuticas, médicas y alimentarias. Esto lleva al aumento dramático de enfermedades degenerativas y congénitas en niños y adultos, cáncer, y nuevas enfermedades nunca vistas previamente. Los efectos tóxicos de todos estos insultos, y la manipulación de nuestro ADN,

podrían causar cambios epigenéticos (vean glosario) nefastos en nuestras próximas generaciones.

2. Deterioro progresivo en la salud mental-emocional provocado por el deterioro físico antes descrito, más el estado de estrés crónico que genera la frustración y angustia, por no poseer y no tener la capacidad de obtener los requisitos que el ego les exige para sentirse felices y exitosos. Esta desagradable situación se genera por las desventajas sociales, raciales y económicas que le dificultan al guerrero obtener los requisitos básicos para su felicidad, o los que los medios le imponen. Lo peor de todo es que aun los que obtienen gran parte de estos logros, nunca logran la felicidad y el bienestar, porque no llenan el vacío espiritual que hay en su interior. Los poderosos que controlan el poder emplean esto para fomentar la guerra, justificando que los sufrimientos de los guerreros se deben al enemigo.

3. Es este sentimiento incapacitante el que lleva a muchos guerreros al crimen, tanto de cuello azul como del blanco, y los infinitos tipos de uso de drogas alucinógenas y adictivas, que destruyen sus mentes-espejos y les hacen caer más profundo en sus sombras y cometer el penoso acto del suicidio.

4. Los conflictos religiosos se convierten en armas políticas y económicas para el dominio de unos gobiernos sobre otros, de donde nace una nueva arma bélica muy difícil de contrarrestar por métodos convencionales: el terrorismo.

5. Surge el desequilibrio educativo. La educación, una de las pocas formas de evitar la opresión e injusticia social, es dirigida mayormente hacia los poderosos que controlan su currículo y tienen la capacidad económica de obtenerla.

6. Comienza la pérdida de la libertad de prensa. Cuando los medios de comunicación se convierten en conglomerados multinacionales,

sus características editoriales son dictadas por los poderes económicos que las rigen.

7. La salud se convierte en un negocio. Esto ocurre mayormente en los E.E.U.U., donde la filosofía capitalista, apoyada por la constitución, no reconoce la salud como un derecho humano.

8. Matricidio de nuestra Madre Tierra. El ser humano aun no toma consciencia planetaria y acepta su responsabilidad en la salud de nuestro hogar común: la tierra. La actitud enajenada y de mal utilización de sus recursos redundará en cambios climáticos que afectarán la calidad de vida de todos los seres humanos. Entre otras acciones enajenadas y nefastas se encuentran:

a) La contaminación de las aguas.

b) La destrucción de los bosques.

c) La extinción de muchas especies.

d) El maltrato y consumo de animales

domésticos.

e) La explotación de sus recursos naturales.

f) La alteración genética de plantas y frutos.

Los preparativos para la batalla

Habiendo ya reconocido las señales de la guerra, nos toca ahora hacer las preparaciones individuales y grupales para afrontarla. Al prepararnos, no debemos olvidar que la guerra en la cual debemos ser victoriosos es primeramente la de nuestro frente de batalla interior, que como previamente mencioné, es la que nos da las armas y tácticas para ganar la externa. Lo primero que tiene que hacer el guerrero es tomar consciencia sobre en qué bando está, y cuál debe ser su objetivo principal en el conflicto. Por eso, debe tomar este juramento al inicio.

Juramento del Guerrero de la Luz (repetición)

Yo soy un Guerrero de la Luz, que nunca abandona su misión ni se rinde ante las fuerzas oscuras. Acepto que mi misión es aprender a amar y dejarme amar, y llevar a otros el mensaje de esperanza: que todos son hijos amados de la luz, y que sin nosotros el amor no se manifiesta, sino que se extingue en la creación.

Sé que mi peor enemigo es el ego, que crea la ilusión del tiempo y el espacio tridimensional, el nacimiento y la muerte. Este es hijo del engaño que origina nuestra mente ante la soledad de la desconexión de nuestra fuente creadora la luz.

Entiendo que, de los recuerdos de los sentimientos universales, de haber vivido en la presencia incesante del amor y la necesidad de obtenerlos nuevamente, nacen las emociones y el apego. Por su naturaleza transitoria e individual, aparece la variabilidad y la subjetividad de la experiencia emocional, y el sufrimiento de la experiencia tonal de la dualidad.

Prometo recordar mi camino para regresar a la luz, y ayudar a otros a recordar el suyo.

El camino de regreso es solo un proceso de recordar o descifrar el código secreto de nuestro ADN luminoso

Esto lo explicaba Platón en su cita: "aprender es recordar lo que ya hemos olvidado", ya que él, igual que el Buda, sostenía que todo el proceso creativo del universo estaba grabado desde el principio en arquetipos universales.

El juramento anterior podría desencadenar en los guerreros una serie de reacciones mentales que podrían despertar el deseo de iniciar su viaje de regreso, y empezar a recordar su código de sanación mental para su viaje en su Espejo Mágico, su máquina del tiempo. Los motivará a reconectarse con la luz de su espejo, y permitir que su Guerrero de la Luz Interior los apoye en su conflicto bélico. Al principio, por lo nublado de su reflexión en su espejo-mente, podría confundir las cualidades del Guerrero de las Sombras con las del Guerrero de la Luz. El ego, como el lobo feroz, se disfraza de Caperucita Roja para obstruir su regreso. Para reconocer que el ego ha tomado control del Guerrero de las Sombras, debemos identificar las cualidades que posee.

Cualidades del Guerrero de las Sombras activadas por el ego (según los textos de El Ser Uno)

1. Sienten que nadie los entiende.

2. Perciben que los demás los ven diferentes.

3. Quieren que los demás piensen igual que ellos.

4. Hablan todo el día del mismo tema.

5. Sienten que los demás son ignorantes.

6. Descubren que la pareja no desea lo mismo que ellos.

7. Quieren que la pareja o los hijos lleven el mismo ritmo que ellos.

8. Recomiendan infinidad de libros a todos los amigos.

9. No se sienten ubicados cuando asisten a una reunión.

10. Se comienzan a convertir en personas retraídas.

11. Se cierran en ellos mismos.

12. Miran a los demás de reojo, despectivamente.

13. Nada les puede suceder porque están protegidos por "Dios".

14. Se sienten "escogidos e Iluminados".

15. Creen que tal o cual "creencia" es la verdad absoluta.

16. Miran a los demás con mucha pena.

17. Creen con absoluta certeza que están en el camino correcto y los demás no.

Esta reacción inicial, fomentada por el ego ante los inicios de vestigios de nuestra luz, se disipará si seguimos nuestra búsqueda interior con valentía. Ahora, recordemos las verdaderas características del Guerrero de la Luz, las cuales fueron opacadas por las cicatrices emocionales, las manchas en el espejo de nuestras batallas.

Las verdaderas cualidades del Guerrero de la Luz (El Ser Uno)

1. Se les hace más fácil comunicarse con amor y entendimiento con todo tipo de guerrero.

2. No ostentan el poder de su luz, sino que lo guardan para el momento propicio. No ostentan sus cualidades, ya que esto puede llamar la atención del enemigo.

3. Respetan la manera de pensar de todos los que están a su alrededor. Después de todo, podrían estar equivocados.

4. Ajustan su comportamiento y su habla al grupo con cual comparten, después que no sea para chismear de otros.

5. Recuerdan que todos están en el camino de regreso en diferentes grados de aprendizaje.

6. Respetan el espacio y visión de la pareja.

7. Entienden que el ritmo de aprendizaje de los seres es diferente.

8. Recomiendan algún libro solo cuando se lo pidan o lo necesiten realmente.

9. Se Integran a la vida con amor y alegría.

10. Siempre saben divertirse cuando van a una reunión.

11. No se separan de los seres que los aman porque aún no hayan visto su luz. Todos son importantes en su aprendizaje. Recuerdan que alguien tuvo paciencia con ellos en etapas similares.

12. Abren sus corazones para que todos los que estén se acerquen a ellos.

13. Nadie es mejor que el otro, como los tres mosqueteros: ¡todos para uno y uno para todos!

14. Solo hay un Dios (un Espejo Mágico), con muchas versiones humanas del mismo, según las opacidades de nuestros espejos-mente.

15. Nadie los "escogió", solo despertaron y recordaron su camino y origen.

16. Nadie tiene la verdad absoluta, solo nuestro creador.

17. Saben que así como tienen pena de los demás, otros la tendrán de ellos. La pena denigra al otro, mientras la compasión lo fortalece.

18. Sabrán que están en el camino correcto cuando conozcan la intención amorosa de la causa y el efecto de sus acciones.

¿Cómo podemos desarrollar las cualidades positivas?

1. Debemos cambiar nuestros estilos de vida para

disminuir los efectos negativos anteriores, y dejar de tomar acciones que maltraten a la Madre Tierra, sus frutos, recursos y a nosotros mismos.

2. Asegúrense de que todo lo que asimilan por todos sus sentidos: lo que oímos, leemos, tomamos e ingerimos, no sea tóxico, ni procesado. Esto podrá afectar nuestro ADN por su influencia *epigenética* (ver glosario) y dificultará el recordar nuestro código de sanación, que contiene nuestras coordenadas de regreso. Especialmente, debemos evitar el consumo de productos animales, sean maltratados o no.

3. Hagan alianzas con guerreros que los ayuden a buscar su luz interior, sin prejuicios sectarios ni estados de codependencia que los conviertan en muletas de los *cojos espirituales* (ver glosario y mi primer libro).

4. Escudriñen profunda y valientemente su imagen

en el espejo, y sanen todas las cicatrices emocionales que llevan escondidas en las sombras de su reflexión confrontándolas con amor, compasión y perdón.

Asignaciones

Antes de tomar unos minutos para meditar, leamos nuevamente y en voz alta el *Juramento del Guerrero*, repetido en este capítulo.

Luego, observemos nuestros cuerpos para detectar las señales de que nuestro conflicto ya está en su apogeo. Tratemos de ver en dónde se originan estas señales, si es en los frentes exteriores o interiores de la batalla. Practiquen estos ejercicios.

Ejercicio de meditación *Shamata*

Para reducir la predominancia de la parte de sombra del guerrero, debemos aprender a apaciguarla. El objeto de la meditación llamada *Shamata* es apaciguar la mente, donde enfocamos su acción en una sola dirección. Aunque las técnicas son muy variadas, las más usadas son el enfocar en objetos sagrados, una luz como la de una vela, rezar el rosario o cantar un mantra. En la tradición budista tibetana, se promueve el enfocar el pensamiento en el ciclo respiratorio, observando la entrada y salida del aire por la nariz mientras dejamos que el ciclo ocurra de una manera natural. Practiquen contando los ciclos respiratorios que consisten en una inhalación y una exhalación, hasta un número de siete veces. En el momento que la mente desvíe su pensamiento hacia otra cosa, deben reiniciar el conteo del ciclo de siete respiraciones. ¡Se sorprenderán al ver cuán rápido la mente se desvía! De nuevo, busquen en dónde se encuentra el yo o la mente en su cuerpo.

Meditación de presencia

En este ejercicio, dediquemos nuestro día a observar minuciosamente nuestra interacción con nuestro entorno. Observemos nuestras rutinas diarias, tales como nuestro aseo personal, vestirnos. ¿Cuál zapato te pones primero? ¿Cuál manga introduces primero?

Nota tu rutina de desayuno. Observa tu ciclo respiratorio, y nota la diferencia en ritmo y en temperatura entre la inhalación y exhalación. Durante todo tu ritual, observa qué está haciendo tu mente. Trata de masticar la comida por lo menos veinte veces, y ten consciencia de los sabores. Evita temas controversiales y discusiones durante tus comidas.

¿Está tu mente divagando en otro lugar o acción? Practica llevarla a la acción que está en el presente. Observa tu interacción con tus colegas en el trabajo, y trata de deducir cómo ellos se sienten: ¿Están tristes o alegres? Nota cómo te sientes emocionalmente en cuanto a cada uno de ellos. ¿Por qué algunos te caen bien (simpatizan) mejor que otros? ¿Qué factores te llevaron a llegar a esa conclusión?

La próxima vez que te sientas molesto por una acción o comentario de un colega, cuestiona si su intención era molestarte o si podrías haber interpretado mal la acción. Si tienes una experiencia desagradable de este tipo, después de calmarte déjale saber que te sentiste injuriado por esa acción sin implicar o criticarlo. Y observa su reacción. Al salir de tu casa, sonríete hasta con tu sombra y observa el efecto que tienes sobre los demás. ¡Por favor, no hagas esto solo con el sexo opuesto, aunque no tengas pareja!

Antes de perder el control emocional, cuenta hasta que te canses o suma números complejos en tu mente. Esto activa la parte racional de tu cerebro y te evitará muchos malos ratos. Lee nuevamente todos los capítulos previos y aprende a mirar el universo por la reflexión del Espejo Mágico.

Preguntas de bono (para subir la nota)

1. ¿Cómo puedo reconocer mis sombras?

2. ¿Qué observo en mi cuerpo y estado emocional cuando aparecen?

3. Lleven un diario de sus observaciones.

4. Lean en voz alta el *Juramento del Guerrero* y

mediten sobre su significado y compromiso.

5. ¿Qué señales de aviso del conflicto bélico ya tienen ustedes?

6. Revisen qué proporción de cualidades buenas y malas todavía tienen ustedes.

7. ¿Cuál de las batallas predomina en ustedes, la interior o exterior?

CAPÍTULO IV

EL FRENTE DE BATALLA INICIAL ES IMAGINARIO E INTERNO: LOS DRAGONES MÍTICOS DE SUS SOMBRAS

Las batallas del guerrero no son convencionales, ya que no tienen frentes de guerra fijos

Debido a que sus batallas ocurren en dos teatros simultáneamente, el guerrero tiene que defender todos sus flancos. El defenderá el flanco de su batalla interna donde quiera que vaya, y defenderá sus flancos externos en su hogar, trabajo, escuelas e iglesias, en donde los otros guerreros concentraran sus ataques.

Ya mencionamos previamente que la batalla más importante ocurre dentro de su propio cuartel general, que representa la contienda imaginaria entre el Guerrero de la Luz con su sombra, creada por las imágenes distorsionadas en su espejo-mente por las cicatrices emocionales generadas en el conflicto.

Esta batalla se puede comparar a un estado de esquizofrenia, que resulta del enfrentamiento bélico llamado *esquizofrenia originada en la batalla* (ver glosario), donde el guerrero, en la condición post traumática de guerra, vive en un estado alucinógeno continuo y donde sus enemigos parecen ser todos los que comparten su vida.

El resultado de esta contienda es lo que decidirá la capacidad del guerrero para ser exitoso en sus batallas externas, al proveerle las tácticas o técnicas que lo llevarán al triunfo en su frente de batalla exterior.

El desarrollo de la batalla interior del guerrero: al Guerrero de la Luz siempre le sigue su sombra, y sin su sombra el guerrero no podrá reconocer su luz

Esta cita esconde el secreto que guía al

guerrero en su camino de regreso, ya que implica que solo con la victoria y el armisticio que ocurre entre los dos guerreros es que nace el *lucero de la paz* (ver glosario). Este es el viajero que terminó todas las escalas de su viaje y acumuló toda la data aprendida por cada experiencia turística. Entonces, vuelve a su destino de partida, el Espejo Mágico, con todo un tesoro de conocimiento grabado con amor, entendimiento y compasión, para nutrir el próximo ciclo creativo, o *Big Bang*. Este camino de regreso lo dirige la fase yin del proceso universal.

Todos los caminos llevan al cielo, como todas las batallas llevan a la victoria, pero no a la misma vez

Para entender el significado de esta cita, debemos recordar que los Guerreros de la Luz, aunque partieron con un propósito común, lo hicieron en diferentes ciclos de sus itinerarios y entrenamiento, lo cual los lleva a completar su encomienda en diferentes etapas de su experiencia. Por eso, las batallas de cada uno de estos será individual, aunque en ocasiones concuerden en el frente de batalla externo. Este método de aprendizaje es muy similar al descrito en mi primer libro de la escuela de la vida.

Nuestro universo como un salón de clases - la escuela de la vida

Si revisan mi primer libro, *Espiritualidad 101: Para Los Colgaos De La Escuela De La Vida*, recordarán que ahí comparo la experiencia universal a un salón de clases, donde todos estamos en diferentes niveles de desarrollo espiritual, y donde los exámenes son dirigidos muy específicamente a nuestra capacidad de aprendizaje. Los estudiantes más avanzados ayudan a los de grados inferiores, compartiendo su experiencia para que éstos pasen sus exámenes.

Como en todo conflicto bélico, hay una renuencia o temor del Guerrero de la Luz de confrontar su enemigo en la batalla interior. Y el problema principal es que el Guerrero de la Luz no quiere aceptar que tiene un enemigo imaginario y que ha estado en una guerra fría no declarada hace algún tiempo, que ya está afectando su frente de guerra y su capacidad para contraatacar. Recuerden la cita, "en guerra avisada no muere gente".

Para entender por qué el guerrero no reconoce a su enemigo, debemos recordar que, según la imagen en el espejo de su mente se va distorsionando por las cicatrices emocionales creadas inconscientemente en sus batallas externas, él confunde la reflexión de su sombra con su verdadera y prístina imagen inicial.

La sombra de nuestro guerrero interior se proyecta (sin querer queriendo, como decía *El Chavo del Ocho*) de manera ficticia en los espejos de los guerreros compañeros de travesía, duplicando así las tropas del enemigo

Son estos reflejos en su espejo los que lo ayudan a recordar la imagen luminosa que trajo inicialmente, y lo llevan a reconocer a su sombra como la causante de todos los estragos en su campo de batalla. El próximo paso para poder establecer el plan de batalla que lo guiará a la victoria, es reconocer su responsabilidad en la opacidad de su espejo, creada por las cicatrices emocionales de sus batallas externas con otros guerreros durante su travesía. Él debe poder entender que la sombra amenazadora de su guerrero interior se proyectaba de manera ficticia en los espejos de otros guerreros, como dragones en su batalla exterior, duplicando las fuerzas del enemigo que confrontaba en su hogar, escuelas, y trabajos.

Las reacciones emocionales que generan la experiencia del sufrimiento son creadas por la falta de armamentos apropiados, tales como la auto estima, capacidad, experiencia, paciencia, entendimiento y madurez para afrontar el ataque de nuestro ego sin recibir heridas emocionales. Cuando revisamos la estrategia que usamos en ese encuentro, debemos darnos cuenta de que usamos la mejor que teníamos accesible en ese momento, y no culparnos por esa acción. Debemos ver que estas prácticas son como sugiere esta cita, *en nuestro viaje multidimensional no hay senderos incorrectos; solo desvíos para completar los destinos no visitados y necesarios para completar nuestra experiencia universal.*

La sombra del guerrero se proyecta más según aumenta la cantidad de sus heridas emocionales

Según las heridas emocionales de la batalla externa progresan, así crece la proyección de su sombra, y la turbiedad de la luz en su espejo. Este aumento en su sombra le permite oscurecer con sus miedos los espejos de otros guerreros, aumentando los refuerzos del ejército enemigo. Lo opuesto ocurre cuando el guerrero aprende a sanar y prevenir heridas de batalla, limpiando las manchas de la superficie de su espejo. Así, su luz va disipando la sombra e ilumina a otros, guiándolos en sus batallas externas e internas. Esto es muy parecido a la purificación por la sangre del sacrificio y sufrimiento en la tradición judeo-cristiana. Por eso la cita, "donde quiera que pisa un hombre compasivo, se convierte en Tierra Santa", donde cualquier batalla puede transformarse en una

115

celebración de paz.

Las emociones, el egoísmo, el apego y la ambición: las armas del Guerrero de las Sombras, o el ego

Para sacar mejor provecho de la siguiente discusión les recomiendo que revisen en el capítulo I las características que diferencian a ambos guerreros. Estas características determinan cómo ellos afrontan sus batallas, y qué armas usan durante la misma.

El Guerrero de la Luz, en el estado inicial de su viaje, tenía todas las características que la luz le impartió desde el principio, las cuales se fueron nublando según las experiencias emocionales oscurecían su visión durante el viaje en su máquina del tiempo de su mente-espejo.

Como vieron en el Capítulo I, el Guerrero de la Luz vive en un mundo *holográfico* (ver glosario) donde el amor y la empatía que nace de sentirse parte interdependiente de toda otra manifestación de la creación, que es su reflexión del Espejo Mágico, lo hace sentir la experiencia de su viaje como una del "nos" y no una del "yo". La luz y el amor es su linaje o familia, que lo mantiene conectado en una matriz inexorable que lo acompaña siempre en su viaje exploratorio, pero de la cual puede desconectarse por las interferencias en la reflexión de su espejo, creadas por sus emociones.

Debemos entender que hay tantas variantes de guerreros como grados de desconexión, y por consecuencia, grados de oscurecimiento, o sombra, de su luz. Por lo tanto, mientras más oscuridad, más guerreros o dragones ficticios nos amenazan en nuestro viaje. Para poder ser exitoso en su batalla, el Guerrero de la Luz debe recordar y hacer uso de las armas naturales de su luz.

Causas de la desconexión de nuestra fuente de luz

El lado oscuro de la desconexión fue la pérdida progresiva de la memoria o del acceso a sus registros akáshicos, que cuentan la historia de su viaje. La desconexión lingüística representada en la alegoría de la torre de Babel fue la que inclinó la balanza inicialmente a la fase exploratoria y expansiva del viaje interdimensional. En esta etapa, mientras más se extendían las escalas interdimensionales, más se olvidaban los guerreros de su lenguaje universal. Esto fomentó un aumento incesante de dialectos, que dificultaba y entorpecía el compartir sus experiencias de viaje y promovía el distorsionar su recuerdo de las mismas.

Fue al llegar a la dimensión del espacio-tiempo que ocurrió la desconexión lingüística más severa, y el enajenamiento total de la misión de nuestro viaje. Como mencioné en capítulos previos, la soledad existencial de esta experiencia da origen al nacimiento del ego, las emociones y el sufrimiento.

El idioma universal común que le permitía a todos los Guerreros de la Luz comunicarse, se pierde con la llegada del guerrero a la dimensión del espacio-tiempo-materia. Ya en esta dimensión, la aparición de las emociones, el apego y el ego, y su primogénito el egoísmo, hacen necesaria la creación de lenguajes nuevos basados en los cinco sentidos y las características individuales raciales, geográficas y sociales.

Estos idiomas dividen nuestra experiencia holográfica original en una individual de lo *mío* y no de lo *nuestro*. La combinación de los guerreros no recordar su origen, creer que viven en el tiempo sin trascendencia, y que su vida es un proceso limitado a nacer y morir, los motiva a aprovechar su tiempo para tratar de disfrutar de las emociones placenteras y rehuir a las desagradables. El *apego* (ver glosario) nace de la necesidad de repetir las emociones placenteras, y la *ambición* nace del tratar de controlar y valorizar todo lo que produzca emociones placenteras. Este proceso de asegurar el placer y buscar la felicidad lo discutimos en el capítulo I y lo resumimos con la siguiente cita.

La búsqueda de la felicidad es de las pocas acciones donde los seres humanos tienen concordancia absoluta, aunque no estemos de acuerdo en qué es y cómo encontrarla.

En otros capítulos discutiremos cómo la búsqueda para encontrar nuestro idioma universal será una de nuestras metas para tratar recordar las coordenadas de regreso a nuestro sitio de partida (Espejo Mágico).

Las armas del Guerrero de la Luz

Las armas del verdadero Guerrero de la Luz son la compasión y la paciencia para esperar que el otro aprenda lo que el ya aprendió.

Las armas del Guerrero de la Luz fueron incluidas en su mochila de viaje, junto con su itinerario de viaje, como una guía turística titulada El Manual de Batalla del Guerrero de la Luz. Estas armas son los valores éticos espirituales que guían el proceso creativo-expansivo-centrifugo-yang y el de recogido-centrípeto-yin de la luz, dirigidos hacia el bienestar del todo. Este manual contiene formatos codificados que son armamentos de la luz, que lo ayudan a confrontar todas las experiencias nuevas de su travesía. Estos valores se manifiestan en formatos específicos que se adaptan a facilitar la experiencia de aprendizaje de cada nivel de consciencia dimensional. Veamos el contenido del manual.

El manual de batalla del Guerrero de la Luz

Este manual está escrito en los códigos o símbolos de nuestro lenguaje universal original, y las claves para descifrar cada parte se encuentran en nuestro espejo-mente para que las descubramos con cada victoria que obtenemos sobre nuestro archienemigo interior, el ego y sus aliadas las emociones.

Dentro de él encontraremos la historia de nuestra travesía interdimensional y nuestro propósito en esta experiencia. Este código o archivo sería nuestro *ADN Luminoso* (ver glosario) que se encuentra junto nuestra historia biológica temporal en el material

ADN biológico.

Contenido decodificado del manual de batalla del Guerrero De La Luz

Antes de entrar al campo de batalla, el guerrero debe comprender que:

1. Todo guerrero es hijo de la luz y sangre de su sangre.

2. Las sombras no son sus enemigas, sino más bien tonalidades amorosas de la luz que complementan su visión en su espejo-mente.

3. El ego, el apego y sus emociones son malas interpretaciones, creadas por guerreros reclutas novatos que "aún no saben lo que hacen".

4. El propósito del Guerrero de la Luz no es herir a los Guerreros de las Sombras, sino más bien sanar sus heridas emocionales auto-infligidas con el bálsamo del perdón, para que reconozcan su luz Interior.

5. El arsenal del Guerrero de la Luz está grabado en su ADN luminoso, el cual se puede encontrar en los archivos akáshicos. Lo único que tiene que hacer es decodificarlo y recordarlo.

6. Debe saber que el método para lidiar con las emociones es transformar su propósito e intención con el amor y no el egoísmo, reconociendo que estas fueron auto creadas por nuestra ignorancia, sin culparnos.

7. Debe conocer la polaridad opuesta positiva de la emoción y tratar de usarla como ejercicio de la voluntad. Esto es parte de la curativa que se origina de los pasos anteriores. Es el efecto amoroso de la ley de causa y efecto.

8. Debe reconocer que las recaídas espirituales pueden ser parte de la batalla hasta que lleguemos al nivel de maestros de armas de la luz.

9. Debe reconocer que la liberación que ocurre de

la prisión creada por su ego genera la responsabilidad de decidir el desenlace de la batalla, ya que el verdadero libre albedrío les exige estar en control de la ley de causa y efecto, utilizando con consciencia e intención amorosa todo pensamiento y palabra para que se convierta en una obra y acción llena de luz.

10. Lo anterior lo llevará a un estado de presencia mental, donde la transparencia de su espejo-mente le permitirá observar con compasión, amor y entendimiento los procesos de confusión.

11. Debe conocerse a sí mismo, mirándose con valentía para hacer el cambio, pero sin enjuiciarse. Se mirará en su espejo con amor y compasión, para que los otros guerreros hagan lo mismo.

12. Debe reconocer la crisis espiritual de otros guerreros en la batalla: "Perdónalos, porque no saben lo que hacen." (Lucas 23:34)

El propósito principal de esta travesía es que Guerrero de la Luz recobre el control de su destino cósmico. Es de aquí en adelante que el Guerrero de la Luz se convierte en el lucero de la paz, el Cristo o el Buda, que tiene la capacidad de ayudar a otros a recordar su linaje y a sanar sus heridas emocionales.

Al final de este proceso, el guerrero recordará el código con las coordenadas de regreso para dirigir la máquina del tiempo de su mente-espejo a su hogar.

El arsenal del Guerrero de la Luz

Todas las armas que residen potencialmente en su manual de batalla el guerrero tendrá que ir descubriéndolas según se le revelan las claves o condecoraciones que recibe por sus triunfos, primero en su batalla interior y luego en sus batallas con otros guerreros. El propósito principal es que él aprenda primero a reconocer estas armas-cualidades dentro de sí mismo, para luego reconocerlas dentro de las sombras en los espejos de otros guerreros.

Con el tiempo, esto le dará el conocimiento,

experiencia y empatía para tener paciencia y compasión, esperando entonces que el otro lo aprenda también. Como dijimos al principio, *las armas del verdadero Guerrero de la Luz son la compasión y la paciencia para esperar que el otro aprenda lo que él ya aprendió.*

Un listado de algunas de estas armas que el guerrero tiene en su arsenal son: el amor, que da origen a las otras, y luego sus hijos: conocimiento, entendimiento, sabiduría, solidaridad, empatía, compasión y paciencia.

Todas se manifiestan como resultado del viaje exploratorio que da inicio por el amor, que busca conocer su creación y entender su propósito, para luego guiarse por la solidaridad, durante su travesía en la escala tridimensional del espacio-tiempo-materia.

Con el tiempo, el guerrero habrá pulido la superficie de su espejo a tal brillantez que los Guerreros de las Sombras que se miren en el suyo, reconocerán las cualidades luminosas propias y olvidadas. Este Guerrero de la Luz ya no verá en sus batallas dragones y archienemigos arquetípicos, sino más bien Guerreros de las Sombras heridos, buscando el bálsamo del perdón para sanar sus heridas auto infligidas.

Composición de nuestro ADN humano

Para poder entender la hipótesis que voy a esbozar sobre nuestro ADN, debemos revisar mi descripción del universo material y antimaterial presentada en el primer capítulo de mi primer libro, *Espiritualidad 101: Para Los Colgaos De La Escuela De La Vida*. Ahí, describí las características de estas dos partes del universo, y demostré que el material que se manifestaba en el mundo tridimensional del espacio-tiempo ocupaba el 5% y el universo multidimensional antimaterial, fuera del tiempo, ocupaba el 95% del total (vean glosario).

Nuestro ADN o ácido desoxirribonucleico (figura 1) reside en el núcleo de cada célula de nuestro organismo, donde se presenta en forma de los cromosomas con su contenido genético organizado en agrupaciones de genes. La ciencia descubrió que todas las características funcionales del organismo están determinadas por la organización de su contenido en claves genéticas. Esta información almacenada se transmite al nuevo organismo en el proceso reproductivo.

El ADN basura o chatarra = ADN luminoso: el diamante sin pulir que existe en cada pedazo de carbón (manual del Guerrero de la Luz)

Tradicionalmente, el contenido nucleico genético se divide en una parte funcional codificadora que ocupa el 3-5%, y una no funcional o no-codificadora, llamada basura o chatarra por su rol cosmético, que paradójicamente ocupa el 95-97% del total. Estudios recientes sugieren que este ADN chatarra es clave para influenciar, activar y desactivar las funciones codificadoras del ADN normal. Como han sugerido otros autores, los estilos de vida (estado emocional, hábitos alimentarios, ejercicio, clima, etcétera) podrían controlar el ADN chatarra para modular las funciones genéticas del ADN normal. Este fenómeno se ha nombrado como la *epigenética* (ver glosario).

Esta rama de la genética estudia cómo los factores ambientales pueden modificar la función preprogramada en el genoma humano. Esto brinda nuevas esperanzas para el control de las enfermedades genéticas, y crea nuevas opciones de tratamiento. En próximos capítulos discutiremos cómo usar la influencia epigenética para nuestra salud física y espiritual.

Figura 1

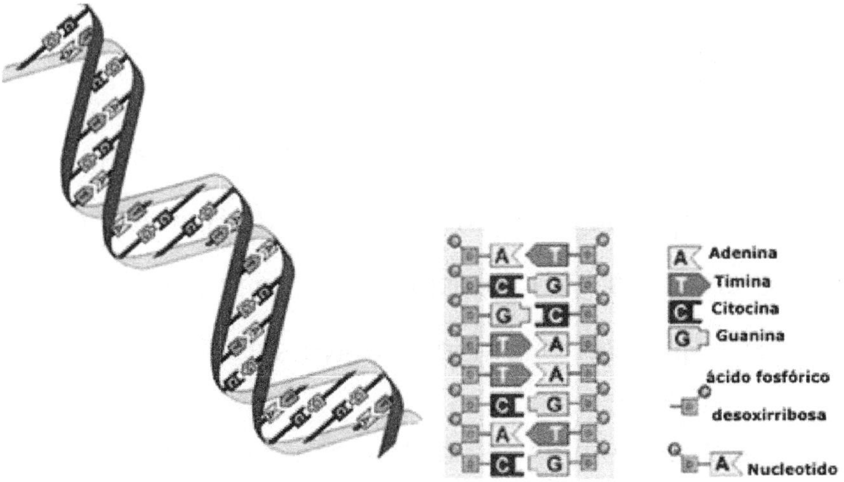

129

Estructura ADN - Nuestro universo es como la reflexión material o virtual en el Espejo Mágico de la antimateria

Siguiendo los símiles de los Guerreros de la Luz y las Sombras, donde el Guerrero de las Sombras es una creación imaginaria virtual por la miopía del Guerrero de la Luz, y generada por las imperfecciones en la claridad de su Espejo, el universo material se puede describir como la reflexión imperfecta del universo antimaterial en el Espejo Mágico. Esto lo confirma la ciencia al establecer que el universo material se origina del antimaterial, aunque no puede establecer cómo esto ocurre.

El ADN material o biológico y el ADN antimaterial o espiritual, son como dos guiones históricos que se abrazan en el baile de Shiva, con ritmos creativos (yin) y destructivos (yang) para asegurar una danza armónica universal

Estos dos archivos históricos de nuestra trayectoria multidimensional son los que se guardan en los *registros akáshicos* (ver glosario) universales, que solo los guerreros veteranos de las grandes batallas de la luz, los luceros de la paz, que son los ancianos de la Gran Hermandad Blanca, pueden decodificar.

Estos registros, que están codificados en el lenguaje universal, guardan toda la sabiduría acumulada por los guerreros en sus campañas universales previas, las cuales traen en su regreso a su lugar de partida, el espejo-mente.

Es interesante notar que la proporción de universo material (5%) y universo antimaterial (95%) es muy similar a la de ADN codificador (3-5%) y el ADN basura (95-97%). Ya que sabemos que el ADN basura es el que regula el proceso de codificación, ¿será ahí donde reside el ADN antimaterial?

El armisticio final de la batalla interior

Entonces, después de innumerables batallas, el Guerrero de las Sombras une sus fuerzas con su Guerrero de la Luz en un armisticio o entrelazamiento cósmico cuántico de amor y compasión, donde nace el *lucero de la paz* (ver glosario). Algunos de estos guerreros volverán a los campos de batalla exterior, como los *Maestros de Armas* (ver glosario) que ayudarán a los Guerreros de las Sombras a encontrar su luz.

Asignaciones

Repitan la meditación del capítulo anterior, y aprendan a reconocer las cualidades de los Guerreros de las Sombras interiores y exteriores. Observen los eventos que despiertan las cualidades buenas o malas en éstos. Practiquen cómo responden los Guerreros de la Sombra a técnicas de comunicación de inteligencia emocional, o empatía, sin buscar culpables o chivos expiatorios. Permítanse equivocarse sin criticarse.

Preguntas de bono (para subir la nota)

1. ¿Será el ADN basura donde se encuentran las claves de sanación de los guerreros heridos?

2. ¿Cómo creen ustedes que podremos acceder estos registros?

CAPÍTULO V

LA BATALLA EXTERIOR DEL GUERRERO: EL CAMPO DE BATALLA DE LOS EGOS

Descripción del frente de batalla exterior

Este frente de batalla es el más peligroso de nuestros dos frentes, por la cantidad inmensurable de espejos realistas o egos de los Guerreros de las Sombras que encontraremos en él. Eso nos da la impresión de estar en en el cuarto de los espejos de un parque de diversiones, donde el reflejo de la imagen de nuestro Guerrero de las Sombras se amplifica miles de veces, desorientando y amplificando la presencia de nuestros enemigos.

Parecería ser que la amplitud de las sombras imaginarias que traemos de nuestro frente de batalla interior, se proyectan sobre los espejos de los otros guerreros en el campo de batalla, aumentando sus

133

sombras.

La sombra del guerrero se proyecta más según aumenta la cantidad de sus heridas emocionales

Según las heridas emocionales progresan en la batalla externa del guerrero, así crece la proyección de su sombra y la obstrucción de la luz en su espejo. Este aumento en su sombra le permite oscurecer, con sus miedos, los espejos de otros guerreros, aumentando los refuerzos del ejército enemigo. Por eso, las tácticas del Guerrero de la Luz no deben promover más emociones negativas en los Guerreros de las Sombras, porque solo los hace más combativos y peligrosos.

Signos de ataque en los flancos de batalla

1. Deterioro progresivo en la salud física y bienestar general de los guerreros, creado por los estilos de vida tóxicos promovidos por las industrias que se lucran de esta situación tales como farmacéuticas, médicas y alimentarias.

Esto lleva al aumento dramático de enfermedades degenerativas y congénitas en niños y adultos, cáncer y nuevas enfermedades nunca vistas previamente. Los efectos tóxicos de todos estos insultos, y la manipulación de nuestro ADN, podrían causar cambios epigenéticos nefastos en nuestras próximas generaciones.

2. Deterioro progresivo en la salud mental-emocional, provocado por las razones anteriores, más el estado de estrés crónico que genera la frustración y angustia por no poseer ni poder obtener los requisitos que el ego les exige para sentirse felices y exitosos. Esta desagradable situación se genera por las desventajas sociales, raciales y económicas o las impuestas por los medios, que le dificultan al guerrero obtener los requisitos básicos para su felicidad. Lo peor de todo es que aún los que obtienen gran parte de estos logros nunca consiguen la felicidad y el bienestar, porque

estos no llenan el vacío espiritual que hay en su interior. Los poderosos que controlan la experiencia terrenal emplean esto para fomentar la guerra, justificando que los sufrimientos de los guerreros se deben al enemigo.

Es este sentimiento incapacitante el que lleva a muchos guerreros al crimen, tanto el de cuello azul como blanco, y los infinitos tipos de uso de drogas alucinógenas y adictivas que destruyen sus mentes-espejos y les hacen caer más profundo en sus sombras, a veces cometiendo el penoso acto del suicidio.

Los cuatro flancos de la batalla exterior de los guerreros

Dentro de su perímetro de batalla, los Guerreros de la Luz se encuentran defendiendo cuatro flancos, donde confrontarán varias tácticas de su enemigo:

1. En su flanco frontal está el frente familiar

2. En su flanco derecho está el frente escolar

3. En su flanco izquierdo está su frente laboral-profesional

4. En su retaguardia está su flanco religioso-espiritual

En cada uno de estos, la intensidad de la batalla varía según el tamaño de las sombras que necesita iluminar. El desenlace de su batalla dependerá de la fuerza o capacidad de afrontar con éxito la confrontación en sus flancos frontales y de retaguardia, donde las líneas son más susceptibles a ser infiltradas.

Etapas del desarrollo de la batalla

Debemos empezar recordando que los enemigos más poderosos enfocan su ataque dentro del estado de ignorancia o inocencia, creada por los borrones emocionales de nuestras sombras, y que mayormente ocurren en las etapas tempranas del entrenamiento, o la niñez, para batallar en su frente familiar y religioso. Dependiendo del grado de luz o sombras que exhiban sus maestros de armas, así desarrollarán estos nuevos guerreros las cualidades necesarias para iluminar u oscurecer los espejos- mente de los guerreros enemigos.

Por eso, la calidad de nuestros maestros de armas en estos dos flancos pueden guiar nuestros destinos hacia la luz o las sombras. Pero, aún si nuestros maestros de armas todavía no dominan las técnicas de irradiar su luz en una batalla específica, siempre aparecerán otros buenos samaritanos, también maestros de armas, que nos pueden ayudar a activar nuestro Guerrero de la Luz.

El flanco familiar y su influencia en los guerreros

Esta primera fase de la batalla exterior es la que más influye en nuestra capacidad de ser victoriosos, ya que determina con qué potencial de conocimiento táctico llegaremos a nuestro frente de batalla. La ley de causa y efecto es una gran influencia en este flanco.

La ley de causa y efecto, el libre albedrío y la intención pueden crear cielos o infiernos en nuestros frentes de batalla. Para entender mejor la ley del amor, podríamos afirmar que "la causa sería la luz y el efecto sería la sombra".

La intención amorosa y la intención egoísta: la causa de nuestros campos de batalla

Nuestro derecho inherente desde el principio de nuestro viaje exploratorio siempre es el libre albedrío, que nos permitió reproducir la capacidad creativa del *Big Bang* y el Espejo Mágico resultante, pero que incluye la responsabilidad del resultado generado por nuestra intención.

Como ya hemos discutido, el libre albedrío en nuestros destinos o campos de batalla varía por la capacidad o pureza de nuestra luz para poder discernir todas las consecuencias resultantes, en toda la matriz holográfica de guerreros. Mientras más se aleja el guerrero de su origen de partida, más olvida o se desconecta de su luz y su lenguaje universal, y más se ensombrece su imagen ante su espejo-mente. Pero, el guerrero con una intención amorosa originada de su luz no se desconecta nunca, y entiende que sus sombras solo son tonalidades mágicas de su luz.

El efecto emocional es como la disminución en la visión nocturna, y las emociones son como las luces altas de los otros autos. Tendremos menos perspectiva sobre los resultados creados por sus intenciones causales, pero más opciones para escoger, sin estar consciente de los efectos de su acción en los otros guerreros del viaje.

Esto me recuerda la resonancia con la cita de Jesús, "Padre, perdónalos, porque no saben lo que hacen" (Lucas 23:34). ¡Pero la ley de causa y efecto, de manera justa, no le exime de las consecuencias por sus acciones ignorantes!

La intención universal se basa en el amor (nosotros, lo nuestro), mientras la intención planetaria se basa en el egoísmo e individualismo (yo, lo mío)

La intención universal se basa en la visión de un universo interdependiente, entrelazado a una matriz holográfica de amor y luz, como cuando la armonía musical de la sinfonía universal es más importante que los músicos y sus instrumentos individuales.

Esto implica que, según los guerreros van progresando en las experiencias multidimensionales de su viaje, su libre albedrío está más lleno de opciones para decidir, pero con menor capacidad de ver las consecuencias.

La intención planetaria

La intención planetaria es una de las metas que lo guerreros deben obtener en su camino de regreso a su lugar de partida, para luego desarrollar la "intención" como seres solares, galácticos y finalmente universales. Podemos dividir la intención planetaria en: geográfica, nacional, racial, religiosa, política, económica y de género.

Todas están basadas en los intereses individuales de cada grupo, que por su inclinación

141

particular o egoísta podría traer conflictos de confrontación de mayor o menor grado. Muchas de estas diferencias originaron movimientos sociales o políticos que culminaron en guerras, con resultados catastróficos para las partes y para el planeta. Las interacciones de los guerreros en todos estos niveles generan cadenas infinitas de causa y efecto, que a su vez generan experiencias malas por varias generaciones.

Los procesos en nuestro frente de batalla familiar

El frente de batalla familiar puede ser el más combativo y confuso de todos, ya que nuestros peores "enemigos" pueden encontrarse aquí. Para entender mejor cómo lidiar con los otros guerreros en este frente, debemos ver la influencia de nuestro ADN en este.

En este frente la familia nos hace difícil reconocer a nuestro verdadero enemigo: el ADN biológico y el ADN luminoso

Para entender esta paradoja de linajes, debemos recordar que antes de encarnar el universo de material tridimensional, todos venimos de un linaje o familia común, que son la luz y el amor que nos dio origen en la reflexión del Espejo Mágico. En nuestro viaje interdimensional, según descendíamos las diferentes escalas, olvidamos nuestro linaje común y la pureza de nuestra luz, que nos creó la falsa percepción de nuestras sombras como nuestra verdadera realidad.

Cuando el Guerrero de la Luz llega al destino tridimensional del espacio-tiempo, el espejo-mente, oscurecido casi totalmente por la desconexión con su centro de luz, crea, con su libre albedrío, una imitación deforme del ADN luminoso inmortal. Este fue el ADN biológico-material o mortal, que para continuar su descendencia crea el nacimiento, la muerte y la reproducción sexual para su perpetuidad. Desde entonces, las herencias del Guerrero de la Luz y del Guerrero de las Sombras han vivido en estado dual en el campo de batalla de la familia. El Guerrero de las

Sombras vive totalmente regido por la ley de causa y efecto, y por el resultante ciclo de renacimiento, enfermedad y muerte descrito en las tradiciones orientales.

La influencia de la genética biológica sobre su descendencia - los pecados de los padres hasta la cuarta generación

Analicemos esta cita de Éxodo 20:5, "No los adorarás ni les servirás; porque yo, el Señor tu Dios, soy un Dios celoso, que castigo la iniquidad de los padres sobre los hijos hasta la tercera y cuarta generación de los que me aborrecen."

En mi juventud esta cita me llenaba de indignación, según la "injusticia" que implicaba la justicia de Dios. Pero al revaluarla según nuestro nuevo concepto dual del ADN, parecería ser muy razonable.

La ciencia genética y la epigenética explica el efecto sobre las futuras generaciones. Ya sabemos que los cambios genéticos pueden aparecer por mutaciones, negativas o positivas, y ser transmitidos a la progenie durante la reproducción sexual. Además, muchas de estas influencias hereditarias aparecieron en generaciones previas, tales como defectos congénitos, desórdenes metabólicos, tendencias a ciertos tipos de cáncer, desórdenes cromosómicos, etcétera. También sabemos que las características como el alcoholismo, esquizofrenia, síndrome bipolar y la sicopatía pueden tener algunas tendencias hereditarias.

Si también incluimos que la epigenética puede modificar estructuralmente y funcionalmente el ADN biológico, entenderemos que "pecados" pretende significar "estilos de vida" en el pasaje bíblico. La parte importante es que los estilos de vida incluyen los efectos emocionales, como las emociones negativas, y todas las toxinas recibidas por los cinco sentidos (lo que vemos, oímos, pensamos, decimos, tocamos e ingerimos), que pueden influenciar la calidad de nuestro genoma. Por eso la importancia de la condición de salud y actitud mental de los padres durante el acto de concepción de un nuevo guerrero. Recuerden que los Guerreros de la Luz que desean incorporarse a nuestros Guerreros de las Sombras necesitan un ambiente propicio para funcionar.

La influencia epigenética - el ambiente de la crianza

El poder de la influencia positiva de los estilos de vida sobre la actividad y composición genética de nuestro genoma, nos llena con la esperanza de poder mejorar nuestro ADN biológico para crear nuevos paradigmas de salud en nuestras generaciones futuras. Esto permitirá una mejor armonización entre nuestros dos ADN para pacificar las batallas de los guerreros en todos los frentes. Si podemos, bajo la influencia de nuestro ADN luminoso, despertar y manifestar la luz, mitigando las heridas emocionales en los Guerreros de las Sombras, nuestras intenciones guiadas por la luz resultarán en menos infiernos y más cielos en nuestras vidas.

La influencia de la genética espiritual

Esta es idéntica al propósito del Guerrero de la Luz discutido en capítulos anteriores. El propósito de batalla del Guerrero de la Luz es liberar la luz dentro del Guerrero de las Sombras activando su código de sanación, el perdón, que es como el *Windex* para su espejo, ayudándolo a sanar sus heridas emocionales de manera que pueda pulir su espejo de todas las impurezas que no lo dejan ver su luz. Este guerrero no cree en la fuerza de confrontación, sino más bien en la lógica, entendimiento, compromiso y el perdón, y tiene la paciencia infinita para conseguirlo.

Deben recordar, como fue discutido en capítulos anteriores, que las batallas interiores del Guerrero de las Sombras y sus victorias resultaban en condecoraciones en forma de códigos, que son como llaves que decodifican los códigos de sanación en el ADN luminoso. Esto le permite al guerrero aprender tácticas de luz nuevas para usarlas en su campo de batalla exterior: familiar, religioso, laboral, político, etcétera.

Ejemplos de batallas exteriores que nos facilitan llevar a cabo el propósito del Guerrero de La Luz

Frente familiar

1. Crianza en familias disfuncionales

2. Pobreza extrema

3. Abuso de género y de menores

4. Divorcios

5. Enfermedades en hijos y padres

6. Orfandad

7. Uso de drogas recreacionales

8. Criminalidad

9. Relaciones codependientes

Frente religioso

1. Represión religiosa

2. Control de la natalidad

3. Abuso de menores

4. Manipulación de conceptos de salvación/ codependencia religiosa

5. Fanatismo religioso

6. Proselitismo

Frente educativo

1. Prejuicio racial y de género

2. Injusticia económica y social para estudiar

3. Sistemas educativos basados en el prejuicio y egoísmo de los poderosos, y con objetivos económicos

4. Sistema educativo que adoctrina, y no fomenta la creatividad intelectual

5. Sistema educativo que fomenta lo mío y lo tuyo

y el derecho exclusivo sobre el conocimiento, por encima del beneficio de la sociedad de guerreros

Frente salubrista

1. Convierte la salud en un negocio.

2. La salud se garantiza con la capacidad económica.

3. Las corporaciones farmacéuticas dictan las formas terapéuticas, y se lucran de sus ventas.

4. La educación médica es controlada por la industria farmacéutica, y la motivación no es la promoción de la salud y prevención, sino más bien la continuidad de la enfermedad que mantiene la relación de oferta y demanda. ¿Por qué el aumento progresivo en las condiciones degenerativas y cáncer ante presupuestos de salud crecientes?

5. La educación médica favorece al que puede

costearla.

6. Las prácticas médicas complementarias y tradicionales son perseguidas por la práctica médica moderna en control.

7. El progresivo aumento en la dependencia de fármacos recetados.

Frente económico y político

1. Opresión económica, donde el 90% de la economía está en las manos del 10% de la población.

2. La explotación de mano de obra en los países mas pobres.

3. La explotación irresponsable de los recursos naturales de nuestro planeta: petróleo, minerales, agua, madera, animales.

4. La contaminación del aire, aguas y tierra por materiales tóxicos.

5. El persistente aumento en la hambruna de los países más pobres.

6. La progresiva criminalidad y corrupción en todos los niveles sociales y políticos.

7. La persistencia de regímenes políticos totalitarios y religiosos.

Técnicas de batalla cuerpo a cuerpo en el campo de batalla exterior

1. No responder con armas emocionales, ya que las emociones, buenas o malas, pueden ser instrumentos para amar o armas sutiles pero masivas para la destrucción.

2. No respondas con tu sombra al Guerrero de las Sombras, responde con tu luz, para que él reconozca la suya.

3. Transmuta tus emociones negativas:

a) Reconociendo que fueron creadas por nuestras propias acciones debido a la ignorancia, sin inculparnos, porque no sabíamos lo que hacíamos.

b) Conociendo la polaridad opuesta positiva de la emoción, y tratando de usarla como ejercicio de la voluntad. Esto aplica durante meditaciones de presencia.

c) Aprendiendo a conocernos a nosotros mismos mirándonos con valentía, pero sin enjuiciarnos. Aprender a mirarnos en nuestro espejo con amor y compasión para que todos los demás sigan nuestro ejemplo.

d) Aprendiendo a transformar programaciones obsoletas, con voluntad, usando la ley de oro: no le hagas a otros lo que no te gusta te hagan a ti.

e) Reconociendo que toda transformación genera una crisis espiritual curativa, creada por los pasos anteriores, y que siempre da frutos.

153

f) Reconociendo que las recaídas espirituales son parte de la batalla. A veces damos dos pasos adelante con tres para atrás, y viceversa, pero al final vemos que al sumar siempre hemos progresado. No se crean perfectos, porque sin sus sombras no podrían ver su luz.

g) Uso responsable del pensamiento, palabra y obra o acción. La liberación que ocurre de la prisión creada por el ego genera la responsabilidad de poder decidir el desenlace final de la batalla, ya que el verdadero libre albedrío les exige estar en control de la ley de causa y efecto, utilizando con consciencia todo pensamiento, palabra y obra o acción.

4. Lo anterior los llevará a un estado de presencia mental donde la transparencia de su espejo-mente les permitirá observar con conocimiento, entendimiento, amor y compasión, lo cual crea la paciencia para esperar que los procesos de

confusión de los otros guerreros en la batalla se disuelvan.

5. Después, el Guerrero Interior de la Luz recobra el control de su destino cósmico. De aquí en adelante el Guerrero de la Luz se convierte en el lucero de la paz, el Cristo o el Buda, y tiene la capacidad de ayudar incesantemente a otros a recordar su linaje y a sanar, recobrando su luz.

6. Al final de este proceso, el guerrero recordará o decodificará las coordenadas de regreso para dirigir la máquina del tiempo de su mente-espejo a su hogar.

Asignaciones

1. Repite el Juramento del Guerrero nuevamente.

2. Repite la meditación de presencia, sobre cómo fue tu día en los diferentes frentes de batalla. Identifica cuál está más débil y necesita más refuerzos.

3. Establece alianzas con guerreros o maestros de armas que te ayuden a obtener nuevas victorias y tácticas para cada frente o flanco. No trates de batallar en todos los flancos a la misma vez.

Preguntas de bono (para subir la nota)

1. Revisa cómo la intención puede apoyarte o inhibir tu progreso y victorias. No respondas con las mismas armas y tácticas del enemigo.

2. ¿Cuáles son tus hábitos más fuertes, o tus sombras más oscuras? ¿Cuáles puedes usar para substituirlos?

3. ¿Por qué las armas de los Guerreros de las Sombras de nuestro ámbito familiar nos hacen las heridas más graves? (Ojo: tiene que ver con el ego, apego y concepto de familia biológica y espiritual.)

CAPÍTULO VI

EL LENGUAJE UNIVERSAL DEL ESPEJO MÁGICO: LAS LÍNEAS DE ABASTECIMIENTO Y COMUNICACIÓN DEL GUERRERO DE LA LUZ

El desenlace fructífero de las batallas y las guerras depende marcadamente de que las líneas de abastecimiento de armamentos, comestibles y refuerzos humanos sean mejores que las del enemigo. En el caso del comando supremo del ejército de los Guerreros de las Sombras, como no tienen conexión al Espejo Mágico, solo pueden abastecerse de los desertores de los Guerreros de la Luz por medio de tácticas que perturban el estado emocional de estos.

Del otro lado, el comando supremo de los Guerreros de La Luz tiene una fuente inagotable de recursos disponibles por medio de las vías de comunicación abiertas por el lenguaje universal, codificado con los símbolos de la luz. La clave que traduce este lenguaje a nuestro dialecto está almacenada dentro del ADN luminoso, y solo los guerreros veteranos, que han triunfado tanto en sus batallas interiores y exteriores, podrán ir abriendo las líneas de abastecimiento según van limpiando las distorsiones reflejadas por sus espejos.

El lenguaje universal está redactado con el alfabeto del amor

El lenguaje universal es el amor, que le permite al ser recordar su origen espiritual al reconocer en la reflexión del Espejo Mágico que sus acompañantes de batalla en la escuela de la vida son de su propio linaje (sangre de su sangre). Los idiomas que aparecen luego, durante el proceso de exploración interdimensional, son los dialectos infinitos que resultan de las incesantes formas en que interpretamos y manifestamos el amor en nuestras vidas en cada uno de estos niveles.

Estas variantes lingüísticas se originan del nivel de entendimiento, o experiencia de batalla, en el cual nos encontramos en nuestra experiencia bélica. Por ejemplo, el nivel socio económico, estado de salud, creencia religiosa sectaria y la herencia genética influencian el resultado de la experiencia psico-social.

Sabiduría es aprender a reconocer en todas estas variantes guturales la raíz de nuestra lengua común, el amor, y tener la paciencia para que todos vayan aprendiendo a entenderlas durante su experiencia de vida militar.

Es mi deseo que tu experiencia durante la lectura de este libro provea las herramientas para que el amor siempre guíe tus pensamientos, y que estos guíen tus palabras, y ambos dirijan tus acciones.

Las diferencias del alfabeto del lenguaje universal y la de los otros dialectos

Para entender estas diferencias, deberán entender que según el viajero-guerrero se aleja de su lugar de partida, y las experiencias de viaje y el conocimiento de estas se multiplica, el viajero tendrá más información para clasificar y archivar en su cuaderno de bitácora (ADN luminoso Y ADN biológico-material). Como son experiencias totalmente nuevas, él tendrá que crear nuevas palabras y definiciones para estas. Como son muchos los viajeros experimentando y archivando muchas experiencias, se duplicarán definiciones contrastantes de la misma experiencia, creando roturas de comunicación entre los diferentes lenguajes. Esto separará aún más a los guerreros en clanes, razas y países, con sus creencias características sobre religión, sociedad y política.

La subjetividad de esta experiencia hará imperativo aumentar el número de palabras necesarias para describir una misma observación durante el viaje, complicando aún más la transmisión del mensaje. Lo notaremos rápidamente al observar cómo cambia el mensaje original durante su traducción a otra lengua, e igualmente, cuando tratamos de traducir los chistes.

El lenguaje universal que describe el estado de consciencia al inicio del viaje tenía menos palabras o símbolos que describían la experiencia universal de manera más inclusiva y sin la ambivalencia de polaridad emocional que aparece luego en los nuevos destinos. Este fue el lenguaje que muchos sabios describieron en sus tratados filosóficos.

Los símbolos en los tratados filosóficos antiguos: los *arquetipos* de Platón (vean arquetipo en glosario)

Al revisar este y otros temas de los grandes filósofos, ¡me arrepiento de no haber puesto la debida atención a mis clases universitarias de humanidades! Platón, al igual que el Buda, describió un universo dual. Este universo está dividido en el material, real o relativo, donde vivimos y clasificamos con nuestros cinco sentidos y su naturaleza subjetiva, y el trascendental, absoluto o antimaterial, donde residen la ideas o arquetipos en un estado potencial. Es en el universo anitmaterial donde el ser tiene acceso a crear, con la debida técnica, todas las posibles manifestaciones de cada arquetipo en la realidad.

En nuestra visión científica moderna, es entender que todas las manifestaciones que ocurrieron y están ocurriendo después del *Big Bang* son los arquetipos o símbolos, que luego nosotros, los Guerreros de la Luz, tenemos que descubrir y clasificar en el mundo de la realidad. Cada símbolo abstrae e incluye dentro de sí, como si fuera un *chip* de memoria de la luz, una cantidad de ideas infinitas para decodificar y crear.

Para entender esto más claramente, tomemos el ejemplo del símbolo del Tai Chi (ver lámina):

Este símbolo es un arquetipo de la naturaleza dual de toda acción en el universo, que se manifiesta en fuerzas opuestas y en ciclos recurrentes. Lo oscuro representa la falta de luz, lo frío, lo femenino, lo pasivo, lo centrípeto (que une, atrae, recoge). Lo blanco representa la luz, lo caliente, lo masculino, lo activo, lo centrífugo (que separa, que repele, que siembra). Las esferas de color en su opuesto simbolizan que el opuesto está siempre potencialmente dentro de su contraparte, listo para manifestarse según el ciclo, tiempo, o la línea sinusoidal lo favorezca.

Este arquetipo contiene en sí una inmensidad de ideas, como la maternidad, paternidad, los ciclos climáticos, las reacciones químicas y físicas, los ciclos de la producción agrícola, los ciclos fisiológicos de los organismos biológicos, la creatividad mental, etcétera. Si entendemos todo lo abstraído en este arquetipo, podemos crear nuevas e infinitas ideas para nuestra experiencia material.

La música de las esferas de pitágoras

Pitágoras postuló que los números, su combinación y secuencia contenían claves o símbolos que, en su organización, formaban una armonía musical que regía al universo y sus planetas como una sinfonía universal. Esto explica la resonancia entre los astros y los organismos biológicos y vegetales. Acceder estos símbolos musicales puede ayudar a los guerreros a abastecer sus reservas durante sus batallas.

Por eso, cada Guerrero de la Luz debe visualizar su rol dentro del universo como uno esencial pero no especial, donde su participación en la sinfonía universal no debe enfocarse en el instrumento o lo extenso de su participación, sino más bien entender que sin su parte, la sinfonía estaría incompleta y disonante.

La geometría sagrada: el abecedario simbólico del lenguaje universal

Mi interpretación de esta filosofía es que las

claves y símbolos de los que hablaba Pitágoras son símbolos arquetípicos geométricos, como el abecedario primario del lenguaje universal, creados con la inteligencia primordial del Espejo Mágico. Estos símbolos engloban las ideas creativas, entrelazadas por la fuerza del amor y empotradas en nuestro código genético, el ADN luminoso, desde el principio del universo. Un ejemplo de estas ideas se ve en los mándalas creados por los monjes tibetanos y los círculos en los cultivos (*crop circles*) que aparecen por todas partes del mundo. Estos son otras fuentes para suplir los abastos del ejército del Guerrero de la Luz.

Los métodos para abrir la comunicación con estas fuentes de refuerzos a nuestra luz

La clave esencial es activar la memoria de todos estos símbolos arquetípicos o geometría sagrada en nuestro lenguaje universal, que se encuentra en nuestro ADN luminoso.

Los métodos de activación:

1. Recibir condecoraciones en sus dos campos de

batalla: con cada victoria, el guerrero va puliendo la superficie de su espejo-mente y va recordando y viendo progresivamente su luz. Esto va decodificando secciones progresivas de su ADN luminoso, fortaleciendo la estrategia de batalla en su perímetro exterior, donde la reflexión de su propia luz va progresivamente convenciendo a otros Guerreros de las Sombras a reconocer su propia luz y unirse a su bando.

2. Entender su responsabilidad en la creación de sus batallas imaginarias con su archienemigo, el ego, por las reacciones emocionales negativas que le permitieron empañar la reflexión pura de la luz en su espejo-mente, facilita sus victorias. Es el auto-perdón de esta acción lo que facilita la activación de sus códigos de sanación.

3. Este perdón nace del entendimiento, empatía, paciencia y compasión, que le permiten ver que cada error táctico y derrota en la batalla se origina por ignorancia, al no percibir su luz

interior por la miopía emocional creada por sus cicatrices emocionales. Esto lo exonera de toda culpa intencional, sin remover la responsabilidad que tiene de corregir sus errores tácticos.

4. En las enseñanzas del Buda y Jesús, se enfatizó que toda acción incorrecta se basaba en la visión limitada o ignorancia del guerrero para reconocer su luz interior. Esto se expresa en la cita de Jesús, "Padre, perdónalos, porque no saben los que hacen" (Lucas 23:34), y la del Buda, "La diferencia entre un Buda y un vil criminal, es que el criminal aún no ha entendido que es un Buda".

5. Con sus nuevas armas (conocimiento, entendimiento, compasión, amor y perdón), el guerrero puede anular los efectos de las armas del Guerrero de las Sombras (emociones, egoísmo, apego y ambición) y ayudar a otros a reconocer su luz.

6. Mantener un estado alerta, evitando así la

contaminación con energías de las sombras en nuestro campo de batalla exterior: hogar, trabajo, escuelas, medios publicitarios y estilos de vidas tóxicos. El centro de comando de las sombras utiliza los medios de comunicación, la industria alimentaria, centros educativos, el poder económico-militar industrial, las estructuras religiosas y la industria de la salud para programar, o poner en sombras, la mente-espejo del Guerrero de la Luz (ver párrafo anterior). Así que, mantener un estado de alerta en los centinelas de nuestros flancos es una prioridad en la batalla. En otros capítulos entraremos en más detalles sobre técnicas que podemos usar para esto.

7. Este proceso de activación se facilita al crear alianzas con otros Guerreros de la Luz dentro de todos los aspectos de nuestros flancos: familiar, laboral, religioso y educativo, que apoyen nuestros esfuerzos. Como dice la frase, "dime con quién andas y te diré quién eres".

Igualmente, debemos leer libros que ayuden a activar nuestros códigos de luz en nuestro ADN. Debemos también mantener estilos de vida espirituales, que rijan la forma de relacionarnos en nuestros hogares, trabajos, organizaciones religiosas y políticas. Y no intoxicar nuestros cuerpos con comidas chatarras, bebidas alcohólicas, fármacos, drogas, campos electromagnéticos, falta de ejercicio, sexualidad descontrolada, música disonante, y evitando los medios de comunicación tóxicos.

Asignaciones

1. Repitamos el Juramento del Guerrero y la meditación de presencia del pasado día. Repasemos cómo estamos estableciendo la calidad de la comunicación con todos los niveles de guerreros y campos de batalla.

2. Revisemos cómo podemos recordar o decodificar el lenguaje universal de nuestro ADN.

Preguntas de bono (para subir la nota)

1. ¿Por qué en la experiencia tridimensional material, es imposible comunicar con pureza y claridad? (Tiene que ver con la luz que tengo para ver mi espejo menos empañado, prejuicios, programas mentales, chips, etcétera)

2. Revisen la teoría de los arquetipos de Platón en este capítulo.

CAPÍTULO VII

EL AMOR ES COMO LAS IMÁGENES REFLEJADAS EN LAS FACETAS DE UN DIAMANTE, CREADAS POR LA MIOPÍA EMOCIONAL DEL EGO

"Si no encuentras el amor en tu alrededor, es porque aún no has buscado en tu interior."

El viaje, y las experiencias aprendidas en las batallas, pulen las superficies porosas del carbón para reflejar toda la luz que siempre ha estado escondida en él.

En este capítulo, intento observar las reflexiones turbulentas y emocionalmente cargadas del Espejo Mágico de manera más clara, con la esperanza de alcanzar una visión más compasiva del amor. Para lograr esto, debemos embarcarnos en un viaje histórico.

171

El significado tradicional del amor

Comencemos con unas citas de maestros de la prosa y el pensamiento:

El amor es un humo hecho del vapor de los suspiros;
purificado, es un fuego centelleando en los ojos de los
amantes;
vejado, es un mar nutrido con lágrimas de amor;
¿qué más es? Una discretísima locura,
una hiel que atraganta y un dolor que cura.
Shakespeare

Esta es la verdadera medida del amor:
Cuando creemos que sólo nosotros podemos amar,
que nadie pudo haber amado tanto antes que
nosotros
y que nadie amará de la misma manera después que
nosotros.
Johann Wolfgang Von Goethe

El amor como una causa de enfermedades

Los síntomas producidos cuando la pasión es una enfermedad, según los antiguos autores médicos, son: párpados temblorosos, ojos hundidos pero que aparentan estar llenos de placer, el pulso peculiar de la pasión. Según la fuerza del amor prevalece, los síntomas parecen hacerse más evidentes: un temblor que afecta el corazón y el pulso, la pérdida de apetito, una fiebre agitada, melancolía, o quizás demencia, si no la muerte, constituyen la triste catástrofe. (Descripción del "Amor en la medicina" según El Tesoro De La Enciclopedia Británica, 1788.)

Las muchas expresiones o reflejos del amor

Podríamos citar infinitamente los diferentes significados del amor, sin lograr satisfacer a nadie en este planeta, o en el universo mismo. Entonces, tratemos de encontrar un sentido común para todas las manifestaciones del amor. De manera intrínseca, todas las definiciones del amor en este mundo tridimensional incluyen tres componentes en su fórmula: un sujeto (el que ama), un objeto (lo que se

173

ama), y el acto de "amar". El objeto puede ser un sujeto o persona, pero también puede ser una cosa como un libro, un pasatiempo, una mascota, el dinero o poder.

Al analizar esta relación triangular, generalmente el sujeto siente el derecho de poseer al objeto de su amor, lo cual le da una sensación de satisfacción dependiendo del valor subjetivo asignado al objeto por el sujeto que "lo ama". Si aceptamos la analogía del triángulo del amor como uno interdependiente, donde los sentimientos son experimentados tanto por el sujeto como por el objeto, y donde los niveles de satisfacción se comparten entre todos los componentes de la ecuación, debemos concluir que una relación de amor verdadero tiene que tener algún nivel de reciprocidad. ¡Por lo menos eso creemos al comenzar una relación!

Sentirse satisfecho y bien por poseer cosas es algo muy personal, pero si el objeto que se posee es algo material, no puede "sentir" el apego que la persona que lo "posee" siente, y tampoco puede responder. Por lo tanto, cosas como los carros, el deporte y los libros no pueden amarnos, pero podemos sentirnos amados por los procesos mentales que estos objetos nos provocan. Usualmente, esto sucede cuando recordamos momentos pasados en nuestras vidas en los que nos sentimos amados. Basada en este concepto miope del amor, la experiencia tradicional divide el amor en cuatro grupos: romántico, económico o de oferta y demanda, maternal o familiar y religioso.

Amor romántico

Este género evolucionó con la aparición de sociedades complejas y clases sociales (recuerden la pérdida del lenguaje universal), sus disparidades culturales en riqueza y educación, y su influencia en los conceptos de caballerosidad y pureza virginal. ¡De eso hace mucho tiempo! Todo esto, promovido por influencias literarias y religiosas. En las sociedades primitivas, los votos matrimoniales se crearon con guías prácticas, sociales, económicas y políticas que no tomaron en consideración las necesidades de las mujeres. ¡Esto no ha cambiado mucho! Las mujeres eran vistas como posesiones, sin derechos legales propios.

En algunas sociedades tradicionales las mujeres eran prometidas a sus esposos a muy corta edad, empujadas a la maternidad y a roles que les eran poco familiares. El romanticismo es, pues, un concepto literario que inicialmente influenciaba a los hombres de las clases altas a establecer ciertas "reglas de conducta" basadas en tradiciones religiosas, que eventualmente se referían a sus objetos de respeto, las mujeres puras de sus sueños, por las cuales podrían sacrificar sus vidas en defensa de su honor. *La llegada de los gobiernos democráticos y el progreso de las luchas por los derechos de las mujeres durante los últimos dos siglos continuó promoviendo, de alguna manera, esta visión del amor en la sociedad.*

Amor económico - oferta y demanda

En el pasado, solo las clases ricas y aristocráticas tenían ventaja al momento de obtener los favores del sexo opuesto, asegurando la continuidad del linaje de sangre. Pero incluso en esos tiempos turbulentos, las líneas aristocráticas tenían menos importancia que el poder económico y político. Las libertades y derechos obtenidos por las mujeres y los movimientos por la equidad de género han cambiado la manera en que las mujeres se ven a sí mismas, pero muchos hombres permanecen con la mentalidad de los tiempos medievales, creando opiniones conflictivas sobre la mujer moderna.

El amor se ha convertido en un valor comerciable, definido por la última publicidad que vende cosas para que la gente se sienta amada y adorable. Los hombres y las mujeres actúan y se ven de ciertas maneras para asegurar su porción de amor. Este concepto de "mercado libre" lleva al amor en un camino arriesgado, que termina exclusivamente en sexo. Las familias tradicionales están desapareciendo, y con ellas el número de nacimientos en la mayoría de las sociedades industriales. El índice de divorcios está más alto que el de la bolsa de valores, siendo los abogados el único grupo que recibe beneficios en esa crisis. Muchas parejas modernas se casan por conveniencia, para criar a sus hijos antes de cierta edad, o por los beneficios sobre impuestos. Esta situación me recuerda la canción en inglés de Tina Turner: *What's love got to do with it?*

Hay un amor que nace de la unión física resultante por el acto de gestación; siempre nos maravilla ver un nacimiento, sea humano o animal. Esto tiene una influencia arquetípica (triángulo, yin-yang, electrón-protón) en la aparición de la vida en este universo. Lo vemos como un instinto de protección por los hijos en la mayoría de las féminas del reino animal.

Este amor altamente idealizado se influencia por las opiniones religiosas, donde el principio femenino se considera sagrado. La influencia de la literatura del romanticismo también promueve este tipo de amor. En mi opinión, la característica más prominente de este amor es la generosidad y el sacrificio de las necesidades de la madre ante las del niño o niña.

Tristemente, este instinto característico de casi todos los animales en las fases iniciales de la crianza, no se ve de manera automática en todas las madres de la raza humana. Varía de acuerdo a la experiencia que la madre tuvo con su propia familia, su personalidad y balance mental, dictadas por sus cicatrices emocionales de la batalla. Solo tenemos que estudiar la incidencia de maltrato y abuso infantil que las sociedades modernas experimentan para entender que ese amor no se manifiesta en todas las madres por igual. Algunas están agobiadas por sus sombras.

Amor religioso

Aunque la interpretación teológica del amor puede variar de religión a religión, la mayoría de las religiones son teocéntricas (Dios es el creador) y panenteísticas (Dios está más allá de su creación), en contraste con el panteísmo, donde Dios es parte de su creación. El concepto inicial de este amor mantiene que todo amor surge del principio de un Dios, y solo se obtiene mediante "él", con unas guías teológicas divergentes establecidas por la jerarquía eclesiástica de sus respectivas religiones. Esta relación codependiente, espiritualmente ciega y patológica influencia cómo los humanos perciben el amor entre ellos. Este amor tiende a pedirle al creyente que ame a todos los seres de manera generosa, imitando las acciones de Dios, sin considerar las necesidades del creyente o su habilidad para lograrlo.

La verdadera naturaleza del amor

Para entender el significado del amor, me refiero a mi primer libro, *Espiritualidad 101 Para Los Colgaos En La Escuela De La Vida*, y comparo esa visión sobre lo que significa la espiritualidad versus los conceptos religiosos tradicionales.

Partiendo desde el punto de vista científico, donde la antimateria da origen a la materia, y comparando las respectivas cualidades que se derivan de ambas partes de la dualidad, tanto espirituales como religiosas, se establece la tabla que define y compara estas características, la cual repito en breve. Aunque nuestra conciencia inicial sobre la naturaleza del amor en el proceso creativo del universo fue el *Big Bang*, el amor vive en el silencio pasivo del cual el *Big Bang* se originó.

Debemos entonces, humildemente, entender que el estado efímero y tridimensional que llamamos la realidad humana es un componente insignificante en un universo que, hipotéticamente, puede tener hasta doce dimensiones. Por alguna razón misteriosa, este origen multidimensional y majestuoso de nuestro universo espiritual-antimateria se desconectó de su cría tridimensional o material. Esto resulta en una experiencia de vida enajenada e independiente de su origen.

Conocimiento regido por la razón y lógica, y los cinco sentidos físicos

A este sentimiento conflictivo del "yo" le llamo *esquizofrenia cósmica* en mi primer libro, y en este, *esquizofrenia bélica*. Es un estado de confusión mental que surge de las interpretaciones filosóficas y religiosas de esta división dual. Si aceptamos mi interpretación sobre nuestros orígenes, entendemos que estas cualidades "espirituales" residen de manera interdependiente en todos los niveles dimensionales de nuestro universo y en sus partícipes conscientes. Son redescubiertas como cualidades inherentes a todos los envueltos en la creación.

Estas cualidades intrínsecas existen desde antes del *Big Bang*, manifestadas luego como el famoso *Bang*, y entonces como todas las diferentes formas dimensionales que existen hoy, unidas en una matriz maternal reflejando todo en un espejo de amor. Esto es lo que pienso es el amor espiritual. Este es el amor que los grandes maestros de todas las religiones han tratado de explicar, pero que los fundadores de las organizaciones religiosas sectarias no lo entendieron. Estos "fundadores" fabricaron puentes hechos por el hombre para tratar de reconectar a los humanos con su fuente de luz, pero esos puentes controlados por portones con peajes sectarios solo "filtran" a los que los pueden usar.

Amor espiritual, el diamante escondido en cada pedazo de carbón

Este estado potencial, inherente a todos los seres vivos y conscientes en el proceso creativo, es como el pedazo de carbón que espera por la fuerza alquímica del amor para transformarse en un diamante magníficamente brillante, escondido en las reflexiones de cada una de sus facetas. Este fenómeno mágico solo puede ocurrir cuando observamos las cualidades brillantes de quienes han logrado brillar sus propios espejos a diferentes niveles de perfección.

Así es que el proceso que amar es como el proceso de descubrir tesoros escondidos en tu patio, al observar a otros descubrir los suyos. Una forma más poética de ver esto es que somos como espejos, con la capacidad de reflejar la naturaleza y cualidad de nuestra brillantez o amor, para que otros aprendan a reconocer el diamante en bruto que llevan en sus propios corazones. Esto implica que la pureza de la reflexión del cristal de cada ser varía de acuerdo a su entendimiento, el cual se obtiene mediante la experiencia de la vida.

En algunos momentos nuestras experiencias pasadas pueden, de manera inapropiada, provocar recuerdos temerosos en nuestras mentes que entorpecen nuestra capacidad de alcanzar la naturaleza brillante de nuestro diamante puro, previniendo así que esas cualidades escondidas sean reconocidas por otros. Esto resulta en una pared de protección imaginaria, que además oscurece nuestra vista impidiéndonos reconocer el amor en los que comparten nuestra vida. Esto genera una sensación de separación, soledad y vacío que nunca se sacia con las cosas materiales. Este sentimiento de falta de amor solo se mitiga al perder nuestro miedo y derrumbar nuestra barrera imaginaria ante el amor.

Irónicamente, a veces las mismas experiencias de sufrimiento que levantan nuestras defensas son las que llevan a nuestra alma a abrirse nuevamente. Esto le permite a nuestro corazón ver nuevamente nuestro magnífico cristal, como reflexiones en el espejo de otros.

Estas experiencias de sufrimiento muchas veces sincronizan nuestro corazón en un abrazo comprensivo y compasivo de perdón con otros, quienes experimentan situaciones similares. La falta de esta comprensión oscurece la brillantez natural de nuestro diamante interno, como los depósitos que ocurren en las piedras preciosas cuando no se mantienen con limpiezas regulares.

Las muchas facetas del amor reflejan paradigmas infinitos

Aunque por propósitos de conveniencia tendemos a dividir el amor en tipos separados, todas las facetas que reflejan su brillantez son paradigmas

185

infinitos de acuerdo a la calidad de sus reflexiones en el espejo de nuestro universo. Todas estas variables son necesarias para permitir la presencia del amor en las experiencias de cada individuo. Todas estas experiencias están reunidas en la paciencia infinita del amor espiritual. Así es que, amar es en realidad un proceso de aprender constante, que lentamente va puliendo el brillo de la pureza intrínseca del diamante de nuestros corazones, y que nos permite reflejar sus rayos de luz en los espejos de los otros.

De manera que, en cualquier relación amorosa, el amor no se "da", ni se "pierde", nadie puede "rompernos" el corazón y cuando se termina una conexión, cada quien se lleva todo el amor que despertó en el proceso. Esta visión del amor debe crear conciencia sobre cómo la experiencia del sufrimiento la creamos nosotros mismos debido a nuestras confusiones. Entonces, podemos estar de acuerdo con el título de la canción, *What's love got to do with it?*

Con la siguiente cita resumo la visión del amor que el Guerrero de la Luz debe empuñar durante su experiencia en sus batallas: *cuando el guerrero mira el universo en la reflexión en su Espejo Mágico, solo ve números infinitos de Guerreros de la Luz heridos, esperando recibir el bálsamo del perdón para sanar sus heridas emocionales.*

Asignaciones

1. Dios nos hizo para crear una epidemia masiva de amor en su creación. ¿Qué has hecho hoy para contagiar a otros? No desperdicies tu tiempo en compartir tus miedos.

2. Aprende a reconocer el brillo de tu diamante reconociéndolo en el de otros primero.

3. Muestra tu diamante a otros para que reconozcan tu luz y aprendan a pulir el suyo.

4. Para llevar a cabo los puntos anteriores, hagan la meditación del Guerrero de la Luz y sigan practicando el ejercicio del perdón.

Preguntas de bono (para subir la nota)

1. Observa qué sientes cuando ves los diamantes de otros brillar más que el tuyo. ¿Envidia, celos, coraje, desilusión, alegría, esperanza, ilusión, motivación?

2. ¿De dónde se originan las emociones negativas y las positivas?

3. ¿Qué puedes hacer para eliminar las emociones negativas y promover las positivas? Sugerencia: revisen los conceptos de entrelazamiento cuántico, origen del ego y las emociones.

CAPÍTULO VIII

SANANDO LAS HERIDAS DEL GUERRERO DE LA LUZ: BOTIQUÍN DE PRIMEROS AUXILIOS

El perdón: el bálsamo o código de sanación del guerrero

El perdón tiene la capacidad de sanar instantáneamente las heridas del guerrero si este, durante sus batallas, ha adquirido el conocimiento, el entendimiento y la empatía para tener compasión y paciencia con sus derrotas y las de otros guerreros en su viaje multidimensional.

Usar las tácticas y armas de batalla de los Guerreros de las Sombras, por la ley de causa y efecto, solo aumenta las filas de guerreros enemigos y el número de batallas nuevas. El perdón es el arma secreta que inutiliza las fuerzas del ejército de las sombras con su luz y amor.

No respondas a las sombras de los guerreros con tu sombra, responde con tu luz y así lo ayudarás a ver la suya.

El siguiente poema, presentado al principio del libro, resume muy bien el significado del perdón.

La Melodía Cósmica del Silencio

El silencio busca llenar el vacío del alma sedienta de amor,
que no satisface la cháchara efímera del ego con su esplendor,
pero el alma ya ha olvidado cómo escuchar su majestuosa tranquilidad.

¿Cómo podré despertar el recuerdo de su melodía?
Ya sé que no podrá ser subiendo el volumen
de las notas discordantes de mi vida mundana.
Ni reviviendo los recuerdos de las experiencias frívolas,
que avivaban aún más el insaciable apetito
por las infernales pasiones que ensordecían aún más

mis sentidos sonoros.

¿Cómo podré, entonces, atenuar el ensordecedor
escándalo
de las voces acusadoras que castigan mi corazón?
Solo aceptando que todos mis deslices
fueron cometidos por la inocencia estipulada en mi
linaje,
por la ignorancia de la intención.
Según el gran Maestro Jesús nos aclaró en su última
frase,
"Perdónalos, porque no saben lo que hacen"
(Lucas 23:34)

Entonces, finalmente, mi corazón se pacifica al
entender
que al perdonarme todas mis faltas
y las que otros habían cometido en contra mía,
residía la solución a la paradoja.
Y de momento, un estruendoso vacío llena cada
rincón de mi universo,

despertando mi corazón a

la melodía cósmica del silencio.

El contenido luminoso del botiquín de primeros auxilios del Guerrero de la Luz

1. Primero, conócete a ti mismo. Esta frase era requisito para que el iniciado entrara a la Escuela de los Misterios del Templo de Delfos, y aplica al Guerrero de la Luz cuando decide buscar su reflexión en su espejo-mente. Aunque el guerrero debe siempre buscar su luz, nunca debe ignorar las sombras que él mismo creó con sus emociones, ya que en estas reside el misterio de encontrar su luz. Pelear con tus sombras puede, como a Don Quijote con los molinos de viento, llevarte a un estado de desequilibrio mental si no aceptas que estas son como dragones inventados por tu imaginación, descarriada por tus emociones y tu ego. No empieces una batalla imaginaria con las reglas de enfrentamiento y objetivos de una real si no

quieres perderla, y utiliza las tácticas que discutimos en los capítulos previos sobre nuestros frentes de batallas internos y externos. Recuerda que respondiendo a los ataques de los Guerreros de las Sombras con sus propias armas, solo aumentas tus heridas de batalla emocionales y aumentas las filas de Guerreros de las Sombras.

2. La sabiduría reflectora del Espejo Mágico es la autoestima que manifiesta el maestro de armas después de sus innumerables victorias en las batallas de su viaje, que lo hacen una fuente inagotable de sabiduría por el conocimiento, entendimiento, empatía y compasión que obtuvo. Este es el guerrero que agradece la ayuda de otros maestros de armas, quienes lo apoyaron en sus batallas, y quien con mucho gozo se compromete ayudar a otros guerreros en las suyas. Algunas citas que él aprendió de su espejo son:

No respondas a las sombras de los guerreros con tu sombra, responde con tu luz y así lo ayudarás a ver la suya.

Cuando no encuentras el amor a tu alrededor, es que aún no has mirado en tu interior.

Las emociones pueden ser instrumentos para amar, o armas masivas para la destrucción.

Recuerda que a todo Guerrero de la Luz siempre lo acompaña su sombra, y que sin ella nunca podría reconocer su luz.

Paradójicamente, nuestras sombras parecen más prominentes cuando nos acercamos a la luz.

3. No te unas a los desertores de tus fuerzas, que quieren formar alianzas codependientes como si fueran cojos espirituales. A ellos solo les interesa usarte de muleta para salir de su responsabilidad en el campo de batalla y llevarse las condecoraciones que tú mereces.

Estos desertores muchas veces se encuentran en nuestro flanco de batalla familiar. A largo plazo te drenan toda la vitalidad que necesitas para ser exitoso en tu batalla.

4. Siempre busca la localización estratégica más ventajosa en la batalla, que te ayude a reflejar tu luz sobre el enemigo para forzarlo a capitular sin la pérdida de un solo Guerrero de las Sombras. Usando el corazón lleno de compasión como mesa de negociación, casi siempre se puede conseguir un armisticio digno y justo.

5. Nunca arrincones al enemigo, ya que esto solo lo obligará a defenderse aún más agresivamente, como el gato hace cuando el perro lo atrapa. Enséñale tu luz con la acción compasiva de permitirle hacer una retirada digna, y luego negocia un armisticio donde él no se sienta deshonrado, ya que tú también has saboreado la amargura de la derrota.

6. Nunca huyas de una batalla en emboscada,

porque la intensidad o valentía con que usas tu luz despertará la valentía y luz en tu enemigo.

7. Nunca abandones ni niegues ayuda a un Guerrero de la Luz herido, porque tu valentía y compasión podrían ayudar a sanar sus heridas emocionales y despertar su luz.

8. No niegues tus primeros auxilios a los Guerreros de las Sombras heridos. Recuerda que ellos fueron Guerreros de la Luz, y que sus heridas emocionales han opacado la luz de sus espejos-mentes. Ellos están viviendo en la confusión de su ignorancia, porque no saben lo que hacen.

9. El perdón es el bálsamo de luz que sana toda herida en el campo de batalla, ya que sana al guerrero que lo aplica y al que lo recibe.

El proceso de formación de las heridas

Para entender el mecanismo de sanación debemos estudiar cómo ocurren las heridas. Debemos entender que estas son autoinfligidas por la reacción emocional negativa y descontrolada que el guerrero ocasiona al percibir sufrimiento (repasen los capítulos I y II). Estas heridas no sanan apropiadamente por la infección creada en ellas por organismos externos: el apego, coraje, culpa, frustración, odio, resentimiento, envidia y otras emociones que abundan en el campo de batalla y contaminan las heridas. La tendencia a culpar a otros por nuestras experiencias y heridas de batalla amplifica el efecto de las emociones infecciosas.

Según progresan, estas infecciones empañan más el espejo-mente del guerrero, hundiéndolo en una oscuridad espantosa de abandono y sufrimiento inexplicable que lo puede llevar a problemas psiquiátricos, depresiones, adicciones, vida criminal y hasta el suicidio. En estos casos avanzados hay varias terapias que podrían ayudar en su rehabilitación.

Técnicas de sanación

Pueden encontrar información sobre estas técnicas que mencionaremos sin explicar en detalle, en los medios de comunicación. Todas ellas trabajan con que las emociones se almacenan con su código negativo, influenciando negativamente el bienestar del organismo, pudiendo presentar síntomas físicos en el mismo. Sus efectos no son tan efectivos como los de la autosanación, los cuales serán discutidos al final del capítulo.

- Psicología tradicional

- Psicología transpersonal es un enfoque terapéutico que apunta a que el ser humano alcance niveles óptimos de bienestar y salud psicológica, dando importancia a las modificaciones de los estados de conciencia, más allá de los límites del ego y la personalidad. Conecta lo psicológico con lo espiritual en la búsqueda de la autorealización y la autotrascendencia del hombre.

- Ho'oponopono (ho-o-pono-pono) es un arte de resolución de problemas hawaiano muy antiguo, basado en la reconciliación y el perdón. Los hawaianos originales, los primeros que habitaron Hawaii, solían practicarlo. Morrnah Nalamaku Simeona (19 de mayo de 1913 - 11 de febrero de 1992) nos trajo estas enseñanzas y las actualizó para los tiempos modernos. Hoy en día, practicantes y terapeutas de varios tipos de entrenamiento las utilizan.

- Terapias para descargar las emociones

  - NLP (PNL) - Programación neurolingüística- "Es un modelo acerca de cómo trabaja nuestra mente, cómo en esto afecta el lenguaje y cómo usar este conocimiento para programarnos a nosotros mismos en el sentido de lograr que nuestra vida y las cosas que hacemos nos resulten fáciles y al mismo tiempo eficientes" (Robert Dilts). Aunque la mayoría de los practicantes son psicólogos, no es un prerequisito para estudiarla. Tiene varias variantes para descargar y sanar emociones.

1. Hipnosis clínica - Practicada por médicos, no médicos y psicólogos, se puede usar para sanar las heridas emocionales del pasado.

- Terapia de regresión con hipnosis- Aunque se utiliza para sanar experiencias emocionales que supuestamente vienen de vidas previas, algunos la usan para regresiones de esta vida.

  1. Liberación soma-emocional - Es una variante terapéutica de las terapias cráneo-sacrales, que ayuda a liberar la mente y el cuerpo de los efectos residuales de los traumas pasados asociados a experiencias negativas. Esfuerzos de investigación conjunta por el Dr. John Upledger y el biofísico Dr. Zvi Karni, condujeron al descubrimiento de que el cuerpo a menudo conserva (más que disipa) fuerzas físicas, y a

menudo la energía emocional que lo acompaña, desencadenado por un trauma fisiológico, psicológico, emocional o espiritual. Según se cura el cuerpo, puede aislar o separar esta energía en lo que se llama un "quiste energético". Aunque un cuerpo inicialmente puede adaptarse a la presencia de este "quiste energético", finalmente el cuerpo se debilita o se cansa de este alojamiento, y se pueden desarrollar síntomas de dolor, disfunción o estrés emocional como resultado.

2. Técnicas de liberación emocional - En esencia, es una versión emocional de acupuntura, excepto que no usamos agujas. Por el contrario, estimulamos ciertos puntos meridianos en el cuerpo pulsando sobre ellos con los dedos. Esta técnica ha sido utilizada con

efectividad para tratar el síndrome PTSD de los veteranos de guerra.

3. Acupuntura tradicional china - Mi favorita, ya que es parte de mi práctica de acupuntura, donde las emociones afectan ciertos órganos específicos que se proyectan con enfermedades orgánicas en el cuerpo. Equilibrar el órgano envuelto remueve el síntoma asociado.

4. Kinesiología aplicada (toque para la salud) - El toque para la salud es un método holístico derivado de la práctica clínica de kinesiología aplicada. Permite activar los recursos del propio paciente para recuperar su salud, con técnicas sencillas y eficaces. Fue creado por el Dr. John Thie basado en los meridianos de acupuntura, y está dividido en cuatro niveles (I al IV) para

iniciarnos en el conocimiento de la kinesiología aplicada. Este sistema enfatiza el inicio del proceso de recuperación de la salud, restableciendo inicialmente el equilibrio estructural, dado que la salud óptima no es posible si el cuerpo y los músculos están desequilibrados. Esta dinámica reconoce que el ser humano posee diferentes aspectos: físico, bioquímico, emocional, intelectual y espiritual, y que todos estos requieren estar equilibrados.

Los guerreros heridos somos como prisioneros encerrados en la cárcel de las *matrioskas* (muñecas rusas)

Debemos recordar que como en toda batalla, las heridas de los guerreros son tan impactantes en el ámbito emocional como en lo físico. Al igual, las lesiones emocionales serán más graves según el entrenamiento o experiencia es menor en los reclutas

203

más jóvenes. Al experimentar el dolor y miedo asociado a sus heridas emocionales, el guerrero interpreta estos como causados por el abandono de sus maestros de armas y compañeros de su unidad en el campo enemigo. Esta desconexión lo encierra en un aislamiento solitario, incomunicado en una cárcel construida de barrotes emocionales por su carcelero, el ego.

Las prisiones emocionales de las *matrioskas*

Estas experiencias carcelarias, aunque el guerrero logre escaparse físicamente y volver a su unidad, se quedan grabadas en el pasado de su memoria subconsciente, como las muñecas *matrioskas* quedan encerradas una dentro de la otra. Estas experiencias subconscientes lo único que pueden hacer es pedir su atención, gritándole con síntomas físicos y mentales que aparecen sin causa aparente.

Para los guerreros, son como experiencias grabadas en el pasado que se repiten incesantemente.

Estas experiencias repetidas son las que crean su esquizofrenia bélica y los síntomas de enfermedades físicas y mentales que afectan a muchos guerreros. La única solución para estos guerreros son las técnicas de sanación descritas en el manual y botiquín de primeros auxilios del Guerrero de la Luz (ver material previo).

Se puede usar cualquiera de las técnicas previamente descritas, pero encuentro más efectiva una técnica desarrollada por la neurolingüística.

Liberando a nuestro guerrero herido con un viaje al pasado (*back to the future*) de reconexión

El propósito de este ejercicio es liberar al guerrero herido que quedó atrapado en su pasado, aislado totalmente dentro de sus muñecas rusas. Lo penoso de su prisión es su encierro permanente en su pasado, totalmente desconectado de su futuro. ¡Vive en una experiencia recurrente e incesante de su pasado, sin poder ver una resolución, sea buena o mala! Este encarcelamiento ocurre por la falta de entendimiento de la lección de amor que, por su inmadurez espiritual en esa etapa de su vida, el guerrero no puede descifrar y solamente quiere desaparecer de su memoria. Yo postulo que el mecanismo que la mente usa para aminorar el recuerdo del sufrimiento es similar a editar las partes difíciles de nuestra vida en una película de largo metraje. En nuestra mente, proyectamos toda nuestra película y seleccionamos las partes indeseadas. Luego, la editamos cortando esos segmentos.

Los segmentos de película que se eliminaron en la edición se archivan en la parte más profunda de nuestra subconsciencia, sacándolos del estado de vigilia natural (RAM) de nuestra mente. Eso le permite al guerrero seguir su trayectoria sin los recuerdos dolorosos de su pasado. Esta edición de nuestras experiencias difíciles y vergonzosas va creando, inconscientemente, cárceles emocionales que atrapan a la persona en el pasado en el que vivió ese segmento de su vida. Así, vive desconectado de lo que ocurrió en su película antes de la edición y de lo que va a ocurrir después del corte. Ese segmento editado, como no tiene conexión con la parte de la película que ocurrió antes y lo que ocurrirá después, une sus dos puntas en un círculo sin principio y final, que se repite incesantemente en la subconsciencia del que editó ese segmento. Esto implica que el ser que vive atrapado en ese pedazo de película vive en una experiencia infernal, que se repite todos los días.

Esa parte del guerrero, que se siente abandonada por su "hermano" guerrero mayor, le grita y pide a su hermano que lo libere de esa cárcel creada por sí mismo. Estando en los niveles subconscientes de la mente, utiliza su relación con el sistema nervioso autonómico para bombardearlo con una variedad de síntomas emocionales y físicos que piensa serán como alarmas para su liberación.

No puede ocurrir arrepentimiento sin sufrimiento, ni perdón sin entendimiento de la acción. El entendimiento nos libera del sufrimiento creado por la individualidad del ego.

El guerrero que está en su presente participando en sus batallas, cuando puede recordar su experiencia pasada, tiende a minimizar conscientemente su recuerdo, debilitando inconscientemente la autoestima en su guerrero herido del pasado. Estos episodios carcelarios subconscientes son las causas de los procesos, tanto emocionales como físicos, que el guerrero padece sin aparente relación con su vida en el presente.

Primero, debemos identificar los episodios asociados a la odisea de batalla que encarceló al guerrero. Esto lo podemos hacer con terapeutas que nos ayuden a identificarlos por las técnicas mencionadas (hipnosis, NLP, kinesiología, etcétera). Pero, en mi opinión, la misión de rescate debe ser secreta, guiada por el guerrero en el presente-futuro y no por un terapeuta. Después de hacer esto, estamos listos para nuestra misión secreta.

La misión secreta para liberar a nuestro

hermano guerrero cautivo en su campo de concentración es La Clave del Perdón.

Preparación

Primero, pueden hacer la *Meditación del Guerrero de la Luz* y leer su *Juramento.*

En un sitio privado, cuya energía ya esté purificada según las técnicas discutidas en el capítulo X, nos vemos sentados en un teatro-cinema inmenso y bello, con una pantalla que proyecta en tercera dimensión. Estamos ocupando dos posiciones, la de espectador en la primera fila y la de proyeccionista en la sala de control. La privacidad, y tener control de la proyección, garantiza la privacidad y seguridad del proceso, ya que si la experiencia se pone muy fuerte, podemos apagar la cámara y salir del teatro.

La técnica

Recordamos el evento en todo detalle, y proyectamos el segmento editado con todo su color y tridimensionalidad. Vemos cómo fue, cómo se inicia, su progresión y su desenlace. Incluimos a todos los participantes del evento, y al final de la crisis del desenlace que nos aprisiona, nos observamos, y notamos todas las emociones que aparecen. Entonces, nos preguntamos, ¿tenía ese guerrero las herramientas o capacidad para entender y procesar la experiencia? ¿Se merecía la experiencia por sus acciones inmediatas previas? La contestación lógica sería, "no".

En ese momento, el guerrero espectador, motivado por la culpa y vergüenza por su acto, trata de dar un brinco cuántico para penetrar en la película de su pasado, levantándose de su butaca y subiendo por una escalera al lado de la pantalla. Al correr la cortina adyacente, observa una puerta rotulada, "la puerta a la película de mi pasado". Motivado por ayudar a su hermano menor, toca en la puerta, y cuando se abre, se encuentra con el guerrero que él fue en su pasado. Este, sin poder reconocerlo, le pregunta, ¿quién es usted? ¿Cómo lo puedo ayudar? Y el guerrero del presente le narra, "soy tú mismo. Vengo de muchos años en el futuro, y quiero contarte la historia de cómo quedaste aprisionado en esta cárcel por mi irresponsabilidad, y deseo pedirte disculpas por haberlo hecho. Hermano, para poder liberarte de esa cárcel, necesito que me dejes entrar a tu tiempo. Primero, déjame darte las gracias y un abrazo de felicitación". Su hermano menor le increpa, "¿por qué me felicitas?" Y su hermano mayor le contesta, "porque estoy vivo gracias a que no tomaste una decisión irreversible con tu vida, y tuviste la valentía de finalmente ser victorioso al salir de tu prisión".

Su hermano mayor entra, lo abraza y le pide perdón por haberlo ignorado en su cárcel emocional subconsciente por todo este tiempo. El guerrero del presente busca en su mente la película completa de su vida, buscando en dónde eliminó el evento de su pasado. Entonces, la corta en ese lugar y remplaza y reinstala el segmento editado donde dejó aprisionado a su hermano guerrero. Al restablecer la continuidad de su película, el guerrero aprisionado inmediatamente recuerda quién es y todo su pasado, y reconoce el futuro que se perdió en la prisión subconsciente de su hermano mayor. Al sentirse nuevamente como parte de su ser, él se siente restituido, perdonado y amado. Le dice a su hermano, "por favor, discúlpame, porque todos mis gritos y síntomas que ocasioné en tu cuerpo eran para que estuvieras consciente de mi sufrimiento y pudieras rescatarme de mi prisión". El hermano mayor del presente le contesta, "hermanito, todo lo que hiciste me lo merecía, ya que fui un cobarde y te abandoné en un momento difícil que debí haber compartido contigo". Los dos se abrazan y continúan en su sendero como Guerreros de la Luz.

Si analizamos toda la experiencia de sufrimiento que vivieron estos guerreros, y los personajes y eventos extraños a ellos que pudieron haber causado sufrimiento, vemos que esos sufrimientos no fueron los que crearon su encarcelamiento. Solo fueron factores precipitantes y no la causa del sufrimiento. Esa causa fue autogenerada por la falta de entendimiento de la lección de amor escondida en la experiencia. Fueron los mismos guerreros, separados por la negación emocional del evento, quienes crearon el sufrimiento. Por eso, en mi perspectiva, el auto perdón es el componente más importante en la sanación física y mental en nuestras vidas, y no el perdón a las acciones que otros han hecho contra nosotros "porque no saben lo que hacen".

Meditación del Guerrero de la Luz: la alquimia, o el perdón, que con la piedra filosofal que es el Espejo Mágico trasforma todo metal, o emociones tóxicas, en oro o amor

Esta técnica usa el perdón como la alquimia que en el Espejo Mágico, que vendría siendo la piedra filosofal, ayuda a transmutar las emociones tóxicas o heridas emocionales de batalla en amor y entendimiento (oro). Lo que esta técnica busca es despertar en el guerrero el recuerdo de su origen de luz, para que lo pueda reconocer en su espejo-mente y recuerde las coordenadas de regreso a su punto de partida.

La verdadera alquimia espiritual es transmutar la

culpa a corresponsabilidad y el *karma* a *dharma*. Esto representa el propósito final que debemos aprender antes de nuestro viaje de regreso a nuestro verdadero hogar y que nos libera, finalmente, de la experiencia de sufrimiento creada por la ilusoria individualidad del ego.

Todo este proceso se facilita con los códigos, que son como llaves obtenidas por las victorias de sus batallas internas y externas, y que poco a poco le van recordando su lenguaje universal perdido para ir decodificando su ADN luminoso de los archivos akáshicos. Estos códigos son como llaves formadas en la geometría sagrada, que le facilita abrir las puertas interdimensionales entre sus destinos de viaje.

El armisticio final del Guerrero de la Luz con el Guerrero de las Sombras en su abrazo cósmico triangular de conocimiento, entendimiento y amor, que da origen al lucero de la paz

Este proceso será exitoso solamente si el Guerrero de las Sombras desiste de su estilo de vida tóxico, modulando su ego con amor y desistiendo del consumo de drogas recreacionales, alimentos chatarras, alimento animal, sexualidad irresponsable, irresponsabilidad ecológica con su planeta, ambición económica, injusticia social, proselitismo religioso, política y toxicidad farmacológica.

La meditación en cualquier forma es la manera más eficiente de restablecer la comunicación con el lenguaje universal, si se combina con el pensamiento e intención correctos, la palabra correcta y la acción correcta. Esto le asegura al guerrero que sus acciones, generadas por la ley de causa y efecto, redundarán en *dharma*, o experiencias amorosas, para él y otros y no *karma* para sí mismo. La meditación que yo recomiendo para los Guerreros de la Luz es una en la que el guerrero toma un baño de luz colorida, que lo purifica con el bálsamo del perdón y lo reconecta con su Guerrero de Luz y su Espejo Mágico.

Meditación de un colorido baño de luz

(Meditación del Guerrero de la Luz)

Sentados en una posición cómoda con nuestra espalda vertical y nuestra cabeza erguida, visualicemos en nuestro espejo una fuente de fuerza o energía espiritual que nos haga sentir protegidos. Por ejemplo, la figura del Guerrero de la Luz, o cualquier figura religiosa preferida, de apariencia joven, sonriente y de pie, con sus brazos abiertos y emanando rayos de luz multicolor desde el centro de su corazón hacia el nuestro, en el cual existe un espejo con una pequeña semilla.

Entendamos el significado del ejercicio. El guerrero representa la manifestación humana de la luz, que es la fuerza del amor que nos reflejó de su Espejo Mágico en su interés de que conociéramos toda la inmensidad de su creación. Los rayos multicolores representan las maneras infinitas en las que se pude manifestar o reflejar el amor entre nosotros. La semilla en nuestro corazón representa la forma latente del

Guerrero de Luz que reside en el Guerrero de las Sombras.

Según esos rayos de luz llenan nuestro corazón-espejo, vamos a sentirnos amados y protegidos por el amor, y observemos como la pequeña semilla empieza a abrirse y a su vez emana los múltiples colores del amor hacia todas partes. Inicialmente, imaginemos que esos colores nos dan un baño de luz amorosa y van a todas las partes de nuestro cuerpo, especialmente aquellas donde hay alguna cicatriz emocional, y veamos cómo estas son pacificadas y sanadas.

Luego que la alegría y el bienestar nos llenen, vamos a compartir los mismos con todos los otros guerreros, especialmente con aquellos que nos han lastimado por la ignorancia de su luz.

Visualicemos entonces que desde nuestro corazón-espejo parten rayos multicolores hacia todos los guerreros sin distinción, incluyendo a los que ya han partido del mundo, y aquellos que en nuestra forma de pensar han traído sufrimiento a nuestras vidas. Dediquemos unos minutos a esta acción, y luego descansemos nuestra mente en el silencio por unos minutos adicionales. Acabemos dando gracias por esta oportunidad. Hagamos este ejercicio todos los días al levantarnos y acostarnos.

Al final, para mantener nuestra mente en un estado de tranquilidad, imaginemos que nuestros pensamientos son como nubes en el cielo y que nuestro estado de paz natural es como el azul del cielo. Dejemos pasar nuestros pensamientos como si fueran nubes, sin seguirlos, y concentrémonos en el azul del cielo, nuestro estado natural.

Código de conducta del guerrero de la luz para una vida saludable

Este manual está inspirado por el *Manual para una vida saludable*, de un autor anónimo, y contiene partes del mismo.

Salud

1. Toma mucha agua.

2. Desayuna como un rey, almuerza como un príncipe y cena como un mendigo.

3. Ingiere más alimentos que crecen en árboles y plantas y menos de los procesados en fábricas.

4. Vive con las tres "e" -- energía, entusiasmo y empatía.

5. Saca tiempo para meditar en silencio por lo menos diez minutos.

6. Pierde un poco de tiempo jugando algo.

7. Lee más y con mayor calidad que en el año anterior.

8. Duerme por lo menos siete horas al día.

9. Ejercítate según tu edad y condición por lo menos treinta minutos al día, y sonríe con todo el que te encuentres.

Personalidad

1. No compares tu vida con la de otros, pues nunca sabrás el final de la historia para cada uno.

2. No te molestes con los eventos inevitables. Enfoca tu mente en el presente, en lo que fluya bien.

3. No te extralimites, conoce tus limitaciones.

4. ¡No te tomes tan en serio! ¡Nadie más lo hace!

5. ¡No drenes tu energía en decir u oír chismes, pues te rebotará para atrás!

6. ¡Soñar no cuesta nada: más cuesta no soñar!

7. La envidia nos limita a imitar e inhibe el reconocimiento del potencial creativo innato.

8. No vivas en el pasado ni se lo recuerdes a otros, a menos que sea para recordar lo bueno.

9. ¡El odio es el veneno que le preparamos a otros

y nos lo bebemos nosotros!

10. Aprendamos a reconocer y perdonar nuestros errores para entender los de otros.

11. Nuestra felicidad es nuestra responsabilidad, no la deleguemos a otros.

12. Entendamos que la vida es una escuela infinita de aprendizaje por grados, en donde debemos tener paciencia con los de grados menores y admiración por los superiores.

13. Permítete muchos ataques de risa.

14. Nadie tiene la razón siempre, sino por los momentos en que la data no cambiado aún.

Social

1. Mantén contacto con tu familia carnal y espiritual.

2. ¡Todos los días da un poco de lo mejor que tengas, pero no pidas cambio!

3. Libérate de tus cargas, perdonando incansablemente.

4. Saca un poco de tiempo para obtener sabiduría de los mayores de setenta y menores de seis.

5. Sé un buen comediante y sácale carcajadas a granel a todos.

6. Lo que otros piensen de ti no es tan importante como lo que tú piensas de ti mismo.

7. El trabajo para otros es trabajo: trabajar para ti debe ser un placer y un privilegio.

Vida

1. ¡Actúa basado en tus valores, pero no exijas que otros hagan lo mismo, y evita frustraciones!

2. No acumules cosas materiales, solo acumula conocimiento actualizado, pues este no deprecia.

3. El tiempo es la mejor medicina, si tenemos

paciencia.

4. Después de la tormenta siempre sale el sol.

5. No importa cómo te sientas, no descargues en otros tu basura.

6. Ten el optimismo que nace de la Fe.

7. Cuando abras los ojos al amanecer, ¡da gracias por tener nuevas oportunidades de rectificar!

8. Tu verdadero ser nunca se da por vencido y siempre está disponible 24-7. ¿Por qué no lo usas más frecuentemente?

Y último, pero no menos importante: comparte esto con tus amigos y enemigos.

Ejercicios

1. Practiquen la meditación del Guerrero de la Luz.

2. Revisen cómo está su conducta en las diferentes fases de su vida.

CAPÍTULO IX

LA MUERTE DEL GUERRERO ES UN VIAJE TRANSITORIO (DE IDA Y VUELTA) AL REINO DE VALHALLA DE SUS ANTEPASADOS: UN OASIS DE REPOSO Y REHABILITACIÓN PARA LAS HERIDAS EMOCIONALES DE SUS BATALLAS

Ya casi al final del libro me doy cuenta de que le saqué el cuerpo al tema más repelente para el ser humano: la muerte. Por lo tanto, como buen Guerrero de la Luz, decidí confrontar las sombras de mi espejo y entrar en este tema con valentía, pero aprehensión.

Así como el nacimiento del Guerrero de las Sombras es una creación o ilusión de las sombras de su espejo-mente, así también lo es ese espejismo material que llamamos muerte. Para entender esto, debemos tener claro que los viajes interdimensionales de los guerreros son mentales, realizados por medio de las reflexiones de su Espejo Mágico donde, según se aleja de su fuente de luz original, las experiencias se hacen más densas y reales en su percepción temporal, hasta que llega a la densidad máxima tridimensional del tiempo y espacio. Aquí, el Guerrero de la Luz, en su ceguera emocional, crea o ve reflejada su sombra, que es el Guerrero de las Sombras, en su espejo-mente.

Al entrar en esta dimensión, todas las leyes y reglas del reino material toman su efecto. Este es el reino de los contrastes, tonalidades emocionales, los opuestos, lo bueno y lo malo, lo mío y lo tuyo, que da origen al ego y su necesidad de apego a lo que da placer y desapego a los que genera sufrimiento (revisar el capítulo I).

Cuando el espejo-mente del guerrero pierde el vehículo ficticio que es su cuerpo, vuelve a reinos dimensionales del universo antimaterial, donde los guerreros se reúnen con maestros de armas. Estos les ayudan a entender y sanar sus heridas emocionales como experiencias causales de aprendizaje de nuevas y mejores tácticas para futuras batallas. Durante este pase vacacional, los guerreros son reclasificados en jerarquías de rangos obtenidos por sus victorias, y les asignarán más responsabilidad en sus futuros campos de batalla. Podemos pensar sobre la muerte como dice esta cita.

No miren la muerte como el final de nuestra historia, sino más bien como el principio de otra.

Este proceso continuará hasta que el guerrero progrese a maestro de armas, lo que le permitirá influenciar a muchos grupos de guerreros de las sombras en las batallas de su experiencia terrenal.

Estos maestros de armas, según ayudan a otros guerreros a reencontrar su luz, siguen progresando en su camino de regreso hasta el momento donde su luz y su sombra se entrelazan. Ahí, entienden que nunca fue necesario batallar por la luz, ya que siempre, como en el símbolo del yin-yang, dentro de la luz residía potencialmente la sombra y dentro de la sombra residía su luz. Y es en esa unión equilibrada de tonalidades de la luz que resuelve su estado de esquizofrenia bélica. Ahí surge el lucero de la paz, que en los mundos materiales puede manifestar todas las cualidades de la luz, viviendo con los pies en la tierra, pero los ojos en el cielo.

La ley de causa y efecto o ley del amor: el libre albedrío y la intención
La manifestación disciplinaria del amor

Debemos recordar de capítulos anteriores que la matriz multidimensional holográfica está entretejida por el amor en un equilibrio armónico que protege incesantemente, por la ley impersonal de causa y efecto. Esta ley, que aplica en todos los niveles dimensionales de existencia, manifiesta sus efectos según el grado de conocimiento de la causa y entendimiento del efecto, que es activado por la intención del guerrero según su experiencia de viaje.

El libre albedrío, que también aparece desde el principio con la ley de causa y efecto, va limitándose en las acciones de los guerreros según van explorando con su espejo-mente las nuevas reflexiones o tonalidades de la luz. Estas se van amplificando según aumentan los viajeros-guerreros, quienes las clasifican en buenas o malas por sus experiencias emocionales. Según aumenta la variabilidad de las experiencias, aumenta también la dificultad de escoger la experiencia correcta.

Los guerreros de las dimensiones superiores, por la pureza de su luz, pueden entender mejor el efecto, porque conocen más puramente la causa. Esto es porque viven en un estado temporal continuo del presente, que incluye el pasado (causa) y el futuro (efecto) en continuidad. Estos son los veteranos de muchas batallas en todos los planos dimensionales, que han acumulado sus experiencias y las traen de regreso como *souvenirs* para su casa, el Espejo Mágico, y son entonces luceros de paz.

Pero debemos entender que el propósito principal de la ley es restablecer el equilibrio, alterado por los diferentes de tipos de acciones, por medio de resultados que lo equilibran para la armonía de la matriz. En ningún momento la ley es punitiva, sino más bien correctiva e imparcial en su acción, aunque algún guerrero pueda interpretar como injusto o desagradable el efecto que él creó con sus causas.

La intención y su relación con la ley de causa y efecto

La naturaleza de la intención cualifica la manifestación en buena (*dharma*) o mala (*karma*), según afecta la matriz multidimensional holográfica y al guerrero. La intención varía según la experiencia de viaje del guerrero, y la podemos dividir en dos tipos:

1. Intención egoísta (Guerrero de Las Sombras) - Esta es la más oscurecida por la visión empañada de su espejo-mente, creada por su ego. Se guía por los efectos sobre "yo" y no sobre "nos". Genera karma y efectos que

desequilibran la matriz. Esta intención es la causa principal de los guerreros derrotados que viven en las sombras, y que no pueden salir del ciclo del nacer, envejecer y morir (samsara).

2. Intención amorosa (Guerrero de la Luz) - Esta se rige por la ley del amor, conocimiento de las causas y el entendimiento de los efectos sobre la totalidad de la matriz de todos los guerreros. Genera dharma y efectos que equilibran la matriz.

Esta cita describe ese significado:

Cuando el guerrero aprende a mirar el universo en la reflexión del Espejo Mágico, solo ve la luz, o amor.

Y debemos recordar la importancia de cómo usamos nuestro libre albedrío, como dicen estas citas:

Toda intención amorosa siempre madura en efectos beneficiosos, pero debemos tener paciencia, porque ocurre en el tiempo de Dios y no el nuestro.

Usemos nuestro libre albedrío con responsabilidad, ya que tendremos que atenernos a sus consecuencias.

¿Cuán libre es nuestro libre albedrío?

Debemos entender que nuestra capacidad de tomar decisiones está influenciada por nuestra experiencia, herencia, inteligencia, defectos de nacimiento, edad, leyes, condición económica y nivel espiritual, y que cambiará continuamente según estos factores cambian. Esto nos debe ayudar a entender que nuestros errores de experiencias pasadas estaban limitados por los factores anteriores, y nunca debemos culparnos o enjuiciarnos por estos.

No podemos cambiar nuestros errores del pasado sin cambiar nuestro presente

Jocosamente, yo les ofrezco a mis inculpados pacientes un viaje en una máquina del tiempo para cambiar las decisiones que tomaron en el pasado, pero les explico que al viajar hacia el pasado, borramos nuestro futuro. Por lo tanto, cuando vuelven al mismo instante en el pasado sin el conocimiento de los resultados del futuro, siempre acabarán repitiendo los mismos errores. ¡Lo que implicaría que si yo cambio mi pasado, sería alguien diferente en este presente! Lo que nos tocó, bueno o malo, fue el resultado de la ley de causa y efecto y mis intenciones pasadas, y fue lo que yo necesitaba para aprender mi lección durante esa parte de mi batalla.

Justicia-compasión-entendimiento, injusticia-pena-insatisfacción

Para los Guerreros de las Sombras, la aparente discrepancia entre las buenas y malas experiencias sufridas por los que más limitación tienen, parecerían ser injustas. Por ejemplo, enfermedades en infantes y niños, pobreza extrema, etcétera. Estos mirarían con una pena despectiva a los envueltos, sin entender que podría sucederle a ellos.

Para los Guerrero de la Luz, las malas experiencias son efectos que equilibran los actos o causas previas, y que permiten al causante aprender y rectificarlas. Estos sienten compasión y empatía por los afectados, pero no sienten pena. Estos seres ven estas experiencias como lecciones de amor y no acciones punitivas.

Asignación

Repitan la *Meditación del Guerrero De La Luz.*

Preguntas de bono (para subir la nota)

1. Diferencien la justicia humana de la espiritual en la ley de causa y efecto.

2. ¿Existen efectos punitivos en la ley espiritual del amor?

3. Diferencien la actitud compasiva de la pena o lástima sobre otros seres.

4. ¿Qué nos ayuda a ser compasivos con otros?

CAPÍTULO X

TÁCTICAS FURTIVAS PARA GANAR LA BATALLA EN EL FRENTE INTERIOR: LAS TÉCNICAS DE MEDITACIÓN

Para poder ganar la batalla interna con nuestro archienemigo y comandante general del ejército de las sombras, el ego, debemos ir conociendo las fuerzas y tácticas futuras de su ejército muy sigilosamente, e infiltrar métodos y tácticas para iluminar los espejos-mente de sus guerreros. Usando los medios de comunicación con una codificación secreta, se pueden despertar los arquetipos, o sentimientos, universales en su ADN luminoso, lo cual los llevará a reconocer en las imágenes de sus espejos a su Guerrero de la Luz (ver capítulo 6).

Los arquetipos o sentimientos universales

Los arquetipos son: el conocimiento que genera sabiduría, el entendimiento que promueve la paciencia,

235

la empatía que produce la compasión y el amor que las une a todas en el perdón. Estos a su vez dan origen a una multiplicidad de sentimientos positivos, que ayudan a los guerreros a reconocer y respetar la luz de cada guerrero, no importa en qué batalla se encuentren.

Las tácticas furtivas para ganar la batalla interior

Además de las tácticas que incluimos en el botiquín de primeros auxilios del guerrero (ver capítulo 8), dedicaremos este capítulo a la meditación y sus variantes como las armas más sigilosas para este propósito.

¿Qué es la meditación? Es el complemento de la oración o comunicación verbal. La oración dirige nuestro mensaje hacia lo trascendental, como una llamada dejada en un contestador de mensajes. Debido a que la señal se limita a nuestra dimensión tridimensional de tiempo-espacio, nunca podremos estar seguros si es recibido sin una confirmación de recibo. Por eso, tenemos que tratar de restablecer la comunicación con nuestro Guerrero de la Luz en nuestro Espejo Mágico, por medio del lenguaje arquetípico y luminoso de la meditación. En adición a los códigos obtenidos por nuestras victorias en las batallas externas, la meditación es otra forma de obtener más códigos y tácticas que nos apoyarán en nuestros frentes de batalla.

Con la meditación comenzaremos el retorno a nuestro origen y a la realización de nuestra verdadera naturaleza. A través de ella, encontraremos la respuesta a las tres preguntas existenciales que cargamos por mucho tiempo:

¿Quién soy?
¿De dónde vengo?
¿Hacia dónde Voy?

Meditación - definición

Es una técnica auto dirigida en donde enfocamos nuestro proceso mental, interna o externamente, para establecer un estado de relajación física y mental que apacigua la actividad del pensamiento. Este estado promueve unos efectos fisiológicos agradables, armoniosos y definidos en el cuerpo. Existen múltiples variaciones de la técnica básica, pero todas se dirigen hacia el mismo propósito y resultados. La meta final es cesar totalmente la continua chatarra mental, creando así espacios de silencio en nuestro interior, que son los equivalentes a los hoyos negros, o la fase yin, del universo material. *Estos espacios de silencio son como las brechas interdimensionales entre el universo aparente o material y el universo trascendental o antimaterial.*

Debemos recordar que al ver nuestra imagen en nuestro espejo-mente, nuestros borrones emocionales podrían distorsionar la manera en que procesamos y recordamos la experiencia. Esto nos debe hacer cautelosos en reconocer que otros guerreros podrían diferir de nuestra forma de interpretarlas y no convertirlas en religiones o filosofías sectarias separatistas.

Con el tiempo, los sentimientos universales del Espejo Mágico trascendente se empezarán a manifestar en nosotros, y empezaremos a reconocerlos también en los otros guerreros.

Beneficios documentados de la meditación

Dr. Benson, *La respuesta de relajación*:

1. Aumento en la generación de ondas alfa-cerebrales
2. Reducción del ritmo cardíaco
3. Reducción en el consumo de oxígeno basal
4. Aumento en la resistencia electro-cutánea
5. Disminuye los niveles de ácido láctico-muscular

Otros beneficios documentados

1. Disminución de la conductividad nerviosa
2. Disminución de la presión arterial
3. Disminuye episodios de asma bronquial
4. Apacigua el insomnio
5. Disminuye la ansiedad y la necesidad de fármacos

Meditación: preparación y prerequisitos

1. La actitud apropiada

2. El lugar apropiado

3. El tiempo apropiado

4. La técnica o técnicas apropiadas

La actitud apropiada

Esta debe basarse en la interdependencia con otros seres vivientes y debe demostrar:

1. Sabiduría - conocimiento y entendimiento

2. Humildad

3. Intención amorosa creativa, no egoísta

4. Respeto - todos los guerreros tienen su propia luz potencial

5. Paciencia - sin exigencias o expectativas temporales, cada guerrero progresa a su ritmo

El lugar apropiado

Debe poseer las cualidades que promuevan la tranquilidad apropiada para la mente y el cuerpo:

1. Seguridad física y privacidad

2. Temperatura agradable

3. Atmósfera y aire libre de contaminación

4. Libre de ruidos

5. Espacios abiertos naturales (montañas, cerca de lagos, mares y bosques)

Es obvio que, en nuestra vida moderna, no todos podemos acceder fácilmente lugares con todas las características anteriores, pero sí podemos separar un lugar privado en nuestro hogar y darle nuestro toque personal, que tenga la mayoría de las características previamente mencionadas.

El tiempo apropiado

Normalmente, se recomienda temprano en la mañana, cuando la mente y el cuerpo están más descansados, pero para aquellos que se sienten mejor por las noches no hay problema con esto. Inicialmente, se debe comenzar con periodos cortos de cinco a diez minutos, o por el tiempo que podamos estar sin que el cuerpo y la mente protesten. Con más experiencia, verán cómo meditar por media hora se hace fácil. La frecuencia ideal sería diaria, para obtener mejores resultados.

La técnica apropiada - postura

Según todas las tradiciones orientales, el cuerpo y la mente-espejo están relacionados uno al otro a través de una red inmensurable de canales de energía, que se concentran en algunas áreas del cuerpo como centros de energía, o chacras. Esta red de energía debe estar fluyendo de una manera armoniosa para que nuestro cuerpo físico funcione adecuadamente, y la mente y el cuerpo se comuniquen bien. La postura correcta del cuerpo físico es importante para que esta circulación se lleve a cabo apropiadamente.

Aunque hay muchas variantes, hoy discutiremos los siete puntos de la postura recomendada por el Buda Vairocana.

- Las piernas se entrecruzan en medio loto o loto completo.

- Las manos se colocan entrelazadas sobre la falda, la derecha sobre la izquierda con los pulgares tocándose ligeramente. Otra alternativa es poner las palmas sobre las rodillas.

- La columna vertebral debe estar perfectamente vertical.

- Los codos no deben tocar los lados del cuerpo. Para obtener este efecto debemos levantar los hombros ligeramente.

- La cabeza está levemente inclinada hacia abajo, pero el cuello esta alineado con la columna vertebral.

- La boca esta con la quijada relajada y ligeramente abierta con la lengua en contacto con el techo del paladar.

- Los ojos se mantienen semi-abiertos naturalmente, dirigiendo su foco hacia la nariz o a 30° hacia el frente o al piso. Si se cerraran naturalmente está bien, siempre que no los apretemos.

Modificación postura sentada

Para personas mayores o con problemas de flexibilidad o impedimentos, se puede meditar sentado mientras mantengamos los requisitos anteriores, especialmente el de la espalda. No deben apoyarse en el espaldar de la silla (ver imagen).

La técnica - resumen

1. Preparación:

   - Relajación del cuerpo (posición y actitud apropiada, estiramiento leve, visualización de momento agradable)

   - Creación del espacio mental (desarrollar el sentimiento de protección con un circulo de amor)

2. Concentración - enfocar nuestra mente (*Shamata*)

   - Liberar la mente y permitirle fundirse con su origen (silencio, espacio, vacuidad) (*Vipassana*)

3. Reintegración a nuestra realidad material

   - Dedicación del mérito (dar gracias y compartir)

La purificación de nuestros espacios, compartiéndolos con amor y respeto

245

El respetar los espacios interdimensionales con todos los seres visibles e invisibles de la creación, es la forma más efectiva de purificarlos.

Oración para purificar los espacios dondequiera que
estemos
Pido permiso para compartir este espacio,
con todos los seres del mundo visible e invisible que
en él habitan.
Y les solicito humildemente que armonicemos todas
nuestras energías,
para el beneficio de todos los que aquí residen y lo
visitan. Gracias.

Las dos técnicas de meditación budista tibetana: shamata y vipassana

Shamata (concentración)

Al principio, la mente se comporta como un mono salvaje que brinca de rama en rama incesantemente. Para tranquilizar la mente, el método más efectivo es enfocarla en objetos externos o internos.

Shamata externa

En esta, usamos como foco de nuestra atención objetos con un significado agradable, tales como:

1. Objetos sagrados o religiosos
2. Una vela prendida

Shamata interna

En esta técnica, nuestro foco de concentración es el fluir de nuestra respiración.

Al observarla, debemos asegurarnos que no es forzosa, y que al inhalar permitamos que el abdomen se expanda para permitir el flujo máximo de aire a nuestros pulmones.

La expiración usualmente debe ser un poco más prolongada que la inspiración (el doble de tiempo).

En esta técnica hay una intención o esfuerzo para tranquilizar la mente, y debemos practicarla hasta sentirnos cómodos por periodos de por lo menos quince minutos.

Después de dominar esta técnica, podremos pasar a la próxima, Vipassana, en la que no nos esforzamos. Una técnica frecuente es enfocar en las fases espiratorias e inspirativas de la respiración.

Vipassana (meditación sin esfuerzo)

En esta, cuando ya aprendimos a tranquilizar o enfocar la mente, empezamos a observarla y a soltarla sin restringirla. El propósito es observar su naturaleza de incesante actividad totalmente independiente de quien la observa. Debemos visualizar que los pensamientos son como nubes pasajeras en el cielo, pero que no son el cielo. Nuestra verdadera mente trascendental, el Espejo Mágico, corresponde al cielo limpio y, si nos enfocamos en las nubes, no veremos el cielo. Vendrán múltiples pensamientos positivos, negativos, calmantes o excitantes, pero todos debemos dejarlos pasar sin enjuiciarlos como buenos o malos.

Cuando nos encontremos siguiendo nuevamente cada pensamiento, entonces debemos volver a enfocar nuestra mente en la respiración hasta tranquilizarla, para empezar a soltarla nuevamente.

Medidas de apoyo a la meditación

En las etapas iniciales algunas personas necesitarán ayudas externas para relajar la mente, tales como:

1. Incienso
2. Música - mantras
3. Altares y figuras religiosas
4. Oscuridad

Cada uno hará lo que más cómodo le sea.

Técnicas suplementarias a la meditación

1. Visualización
2. Contemplación analítica
3. Presencia en la acción - conciencia

Visualización

1. Está basada en que nosotros, con una herencia común de donde se origina este universo, podemos ser cocreadores de nuestra realidad futura visualizándola en la imagen de nuestro espejo-mente.

2. Relación del pasado, presente y futuro - en la visualización podemos romper la barrera del tiempo, y crear en los tres tiempos. (Vean la meditación-visualización del Guerrero de la Luz en el capítulo 8.)

3. Esta técnica ha sido parte del entrenamiento de los grandes atletas y artistas musicales en nuestro mundo.

4. Podríamos compararla con la creación de una pintura o película tridimensional, en donde nos veremos tan reales como nos vemos en nuestro diario vivir.

5. En realidad, es un tipo de creación imaginaria en el espejo-mente, que soltamos a través de los espacios entre las dimensiones y que nos facilita manifestar esa realidad visualizada en nuestro mundo material.

Contemplación analítica

1. Método usado por muchas escuelas orientales para entender analíticamente, dentro de los parámetros de la lógica y la razón, el por qué de la estructura y origen de nuestro universo. Es un método que trata de integrar el mundo de lo material con el mundo espiritual por medio del uso de la razón.

2. De esta contemplación nacen todas las variables visiones filosóficas orientales.

Presencia en la acción - conciencia

1. Se basa en la capacidad de llevar la presencia mental del estado meditativo a la acción rutinaria

251

de nuestra vida.

2. Depende inicialmente de un esfuerzo de observarnos, o prestar más atención a nuestras acciones e intenciones diarias y sus efectos sobre otros.

3. Es un estado de alerta, parecido al de observar nuestra mente en la meditación sentada, donde la observamos sin enjuiciarla, pero donde estamos conscientes de la motivación y resultado de nuestra acción sobre los otros.

4. Nos permite prevenir acciones inapropiadas y no repetirlas nuevamente.

5. Con el tiempo, nuestras acciones serán más espontáneas y naturales, sin necesidad de controlar nuestra mente.

La autoestima y la culpabilidad

1. Uno de los muchos efectos de la meditación sobre la mente es la capacidad de mejorar

nuestra autoestima gradualmente, y de pacificar nuestro sentido de culpa.

2. Dependiendo de nuestra experiencia durante las batallas, y de la pureza de las imágenes visualizadas en nuestros espejos-mentes, todos tendremos temores, fobias y culpabilidades en algún grado, como cicatrices emocionales de la batalla.

3. La meditación nos hace entender la realidad de que:

- Todos tenemos nuestro origen en el mundo luminoso del Espejo Mágico.

- Todos poseemos la luz o potencial de manifestar las cualidades de esta energía. Con el tiempo, la meditación nos ayudará a reconocerlas en nosotros y en otros y a manifestarlas en nuestra vida.

4. Si revisamos el material cubierto, veremos que

estas sombras fueron creadas en nuestros espejos-mentes por las distorsiones en el espejo, creadas a su vez por nuestras emociones.

5. Debemos entender que, por el vínculo holográfico de nuestra matriz de luz, *todos somos interdependientes*, y el mérito de lo bueno y lo malo que hemos hecho, debemos compartirlo. *Somos corresponsables de nuestros errores, pero no culpables.*

6. *La ignorancia* de que poseemos estas cualidades luminosas es el origen de las acciones egoístas, las cuales pueden crear sufrimiento para nosotros y a otros. Esta cita de mis otros libros aclara este concepto: *No existen guerreros malos. Solo existen aquellos que aún no saben que son buenos.*

Asignaciones

1. Hagan una sesión de prácticas variadas de las técnicas descritas.

Preguntas de bono (para subir la nota)

1. El único inconveniente de esta técnica es que no podemos saber exactamente cuándo va convertirse en una realidad. ¿Por qué? Un consejo: revisen los tipos de intención y la ley de causa y efecto.

CAPÍTULO XI

EL MATRIMONIO ALQUÍMICO DE LA LUZ Y SU SOMBRA GESTA AL LUCERO DE LA PAZ, QUE CON SUS PIES EN LA TIERRA Y SUS OJOS EN EL CIELO, SOLO PUEDE VER AMOR EN LA CREACIÓN

Como es arriba es abajo; la luz y su sombra reconocen su origen común - el amor

Ya casi al final de esta jornada dirigida por la intención de la luz, los guerreros que han sido victoriosos en cada uno de sus campos de batalla encuentran, en la reflexión de su Espejo Mágico, la belleza escondida en la imagen de su opuesto. Esta experiencia final de batalla resulta en la reconexión o reconocimiento inmediato entre los dos guerreros de bandos opuestos, quienes desde el inicio de su travesía habían partido juntos sin reconocerse uno al

257

otro. Por eso, *al Guerrero de la Luz siempre lo acompaña su sombra, ya que sin ella él nunca podría reconocer su luz.*

Este conocimiento genera el armisticio final de esta contienda amorosa, que solo deseaba hacer florecer las tonalidades de luz que cada uno tenía, pero no había experimentado. Este armisticio se manifiesta en un abrazo lleno de conocimiento, entendimiento, amor y compasión, de donde nace el lucero de la paz, que incluye dentro de sí toda la sabiduría obtenida durante su travesía por las experiencias duales de los guerreros combatientes.

Este lucero de la paz será el gran maestro de armas, quien con su naturaleza amorosa contagiosa dejará epidemias de amor en todo campo de batalla que visite. Para que ocurra esta maravillosa unión entre los planos dimensionales de la luz y la sombra, debe ocurrir un proceso de restablecimiento de la comunicación en todos estos niveles, por medio de la recuperación del lenguaje universal que los unió en sus primeras etapas del viaje.

El restablecimiento del lenguaje universal (revisen el capítulo 6)

Esta cita podría resumir su significado: *la clave que traduce este lenguaje a nuestro dialecto está almacenada dentro del ADN Luminoso, y solo los guerreros veteranos que han triunfado tanto en sus batallas interiores como exteriores, podrán ir decodificando las líneas de abastecimiento, según van limpiando las distorsiones reflejadas por sus espejos.* Y debemos recordar esta otra, *el lenguaje universal está redactado con el abecedario del amor.*

Este lenguaje se va "descargando" o decodificando de nuestro ADN luminoso poco a poco, con las llaves que recibimos mediante tres vías:

1. Victorias del guerrero en su frente de batalla interior (capítulo 4)

2. Victorias del guerrero en su frente de batalla exterior (capítulo 5)

3. Técnicas de meditación

Por medio de esas "descargas", los sentimientos universales (ver capítulo 10) van floreciendo en el espejo-mente de los guerreros, permitiéndole reflejar su luz en todas sus batallas hasta que logra finalmente el armisticio final y la unión de los dos guerreros en el gran maestro de armas, el lucero de la paz, discutida al principio del capítulo.

Antes de que la luz y la sombra del guerrero puedan amalgamarse en su hijo alquímico, el lucero de la paz, el Guerrero de la Luz debe reconocer la luz en su enemigo, y el Guerrero de la Sombra debe reconocer su luz escondida. Esto último solo puede ocurrir cuando el Guerrero de la Sombra deserta su bando y se une al del Guerrero de la Luz, en donde será entrenado para condicionar su cuerpo de guerrero, y unirse a la batalla contra los Guerreros de la Sombra. Es en esta etapa donde, usando las condecoraciones obtenidas en sus batallas exteriores e interiores y las técnicas de meditación, empieza a recibir los códigos de su ADN luminoso para transformar su ADN biológico.

La reprogramación de nuestro ADN biológico; el último ritual de iniciación y purificación antes de poder consumarse el matrimonio alquímico de la luz con su sombra

Esta etapa de progreso en sus batallas se inicia con la trasformación que ocurre en el ADN biológico-material, por la influencia de su reconexión con su hermano, el ADN Luminoso, y la reprogramación iniciada por los códigos recibidos del lenguaje universal del amor.

La purificación epigenética de nuestro organismo biológico ocurre corrigiendo los estilos de vida tóxicos que no nos permiten reconocer nuestra luz

Para poder purificar la toxicidad sembrada en nuestros espejos-mentes y nuestro ADN biológico por las fuerzas de las sombras, debemos entender los métodos que utilizaron.

Métodos que las fuerzas de las sombras utilizan para obscurecer el resplandor de nuestros espejos-mente

Las fuerzas de las sombras son creaciones ficticias de nuestro empañamiento, o la incapacidad de ver la verdadera luz por las distorsiones emocionales creadas en nuestros espejos-mentes. La única forma en que sobreviven es usando las armas favoritas del ego, para evitar que veamos la verdadera imagen del espejo: nuestra luz.

Las armas del ego para aprisionarnos en sus sombras

Nuestro archienemigo ficticio, el ego, es experto en la utilización efectiva de las emociones para generar un arsenal extenso de armas, para con ellas mantener al guerrero atrapado en el ciclo incesante de nacer, enfermar, envejecer y morir. Algunas de estas armas son: egoísmo, individualismo, ambición, apego, miedo, envidia, ira, frustración, soberbia, codependencia emocional, política corrupta, toxicidad farmacológica, sectarismo religioso, enfermedades, lujuria y opresión sexual, opresión social y racial, etcétera.

El objetivo principal del ego es seguir alterando y distorsionando la pureza original de nuestro ADN biológico, que al principio de la creación reflejaba mejor las características del ADN luminoso. Como estas alteraciones o mutaciones son influenciadas tanto por la herencia de los antepasados, los pecados de los padres en el sentido bíblico, y la influencia de los estilos de vida en las generaciones futuras, este archienemigo utiliza su control sobre el reino material de las sombras para promover estilos de vida que faciliten su propósito.

Las influencias epigenéticas nocivas al ADN biológico usadas por las fuerzas de las sombras

La contaminación química

La influencia de la manufactura en masa, preservación, enlatado, refrigeración y la agricultura comercial han contaminado gran parte de nuestros alimentos y cuerpos de agua con una gama extensa de sustancias químicas de toxicidad variable, que acaba alterando la calidad del genoma humano.

La contaminación atmosférica

Todo el proceso industrial, agrícola (animales) y las emisiones de combustión de petróleo y sus derivados, además de ocasionar efectos directos en nuestros organismos, también tienen efectos indirectos por los cambios atmosféricos creados.

La contaminación electromagnética

Con el desarrollo descontrolado en los medios de comunicaciones, y la tecnología de equipos electrónicos, nuestro planeta está arropado en un baño toxico que, por sus efectos progresivos y lentos, es difícil documentar científicamente. La ciencia lo vincula con un aumento en la incidencia de tumores cerebrales, problemas de aprendizaje, abortos, productividad laboral y Alzheimer. Lo penoso es que la industria tiene la capacidad de modificar los equipos para disminuir estos efectos, pero los gobiernos no se lo exigen.

La contaminación farmacológica

El desarrollo astronómico de la medicina moderna como una industria con motivación de lucro y no como un derecho humano, y la filosofía de tratar los síntomas con prioridad sobre las causas de la enfermedad, ha disparado la producción de fármacos con mucha efectividad, pero con poca selectividad. Esto implica que muchos fármacos, aunque muy efectivos en aminorar el síntoma, producen otros síntomas o efectos secundarios en otras áreas del organismo que podrían ser muy nocivos en muchos casos. Se sabe que muchos fármacos causan defectos genéticos en los embarazos, y no sería raro que lo pudieran hacer en los organismos en diferentes etapas de sus vidas.

La contaminación o programación mental y emocional

Uno de los temas más controversiales discutido por los profesionales de todos los campos educativos,

265

es la influencia de los medios de comunicación en la personalidad y estilos de vida durante las diferentes fases del desarrollo de los humanos. Nuestros hijos y nietos están siendo bombardeados continuamente por mensajes subliminales efectivos, con la publicidad tanto en la TV como en el internet.

Por ejemplo, los súper héroes modernos usan más violencia que sus enemigos, e irónicamente, ¡muchos de ellos son mutantes! Recientemente, estos medios de comunicación se han convertido en agentes de persecución y acoso de todo tipo, y nuestra privacidad no está asegurada en su uso. Valdría la pena preguntar, ¿cómo se afectarán los valores familiares enseñados a nuestros hijos, ante toda esta invasión de información agresiva?

El programa de desintoxicación para nuestro ADN biológico

Desintoxicación mental - emocional - espiritual

Debemos recordar que este lenguaje va ser una desintoxicación que va "descargando" o decodificando poco a poco nuestro ADN luminoso con las llaves o códigos que recibimos por tres vías:

1. Victorias del guerrero de su frente de batalla interior (capítulo 4)

2. Victorias del guerrero de su frente de batalla exterior (capítulo 5)

3. Técnicas de meditación

Debemos entender también que hay una influencia epigenética por la calidad de nuestros nutrientes, los que ayudan a la purificación del ADN biológico.

Desintoxicación física - biológica

Podríamos resumir el propósito de esta desintoxicación como la disminución de la exposición a todo producto industrial y agrícola procesado y contaminado de alguna forma. Lo ideal es producir o criar nuestros propios productos, pero como esto no se nos facilita en las ciudades grandes, tenemos que conformarnos con comprar productos orgánicos de la mejor calidad. La manera más astuta para aumentar y bajar los costos de estos es dejar de comprar los productos contaminados y procesados.

Deberíamos asegurarnos de la calidad de nuestra agua filtrándola por métodos efectivos, que aseguren la eliminación de los tóxicos más dañinos. No recomiendo la utilización de agua embotellada por la contaminación química que algunos envases plásticos pueden ocasionar.

Transferencia genética horizontal (ver glosario)

Es un proceso de modificación genética, también conocido como transferencia genética lateral (TGL), en el que un organismo transfiere material genético a otra célula que no es descendiente. La importancia de este aspecto de alteración de nuestro genoma, *¡es que nosotros estamos continuamente recibiendo porciones de ADN animal y humano, en la carne y sus derivados, en algunos fármacos y vacunas!* Ejemplo de esto es el *ADN recombinante y ADN quimérico* (ver glosario), que se usan en la manufactura de algunos fármacos.

Los posibles efectos residuales en nuestro ADN humano no están científicamente dilucidados todavía. ¡Conociendo la ética industrial por experiencias pasadas, esto nos debe causar un poco de insomnio!

Aunque Hipócrates afirmó, "Que tu alimento sea tu medicina, y que tu medicina sea tu alimento", parecería ser que la industria mal interpretó, "Que tu alimento sea tu veneno". ¡Es importante observar que, aunque los médicos modernos toman el juramento hipocrático, lo rompen inmediatamente al negar cualquier efecto terapéutico a la calidad de nuestra nutrición y a los suplementos!

¿Cómo podemos hacer de nuestro alimento una medicina?

La vida es un continuo proceso inflamatorio, que va envejeciendo nuestros tejidos y consumiendo la batería de nuestro conejo *Energizer* que cesa su movimiento final al morir.

¿Por qué ver la vida como un proceso inflamatorio? Veamos la definición de inflamación: la inflamación es un conjunto de reacciones generadas por el organismo en respuesta a una agresión. Esta agresión puede ser de origen externo, como una lesión, una infección, un traumatismo o puede venir desde dentro del organismo, como es el caso de las enfermedades auto inmunes.

Pero, todo proceso resultante de la exposición del organismo a un agente que este no reconozca como propio, activará el proceso inflamatorio. Este agente puede ser una percepción mental de peligro, como ocurre en la activación del proceso de alarma y protección que nos prepara para defendernos o huir de un potencial peligro. ¡Este fenómeno es tan inflamatorio, que se puede medir químicamente por las hormonas que produce, y es lo que nos da estrés en nuestras vidas y que podría resultar en enfermedades físicas!

Un alérgeno en el aire es el que nos inflama nuestras vías respiratorias y mantiene llena las oficinas y bolsillos de muchos especialistas. La intolerancia digestiva a ciertos nutrientes, como los lácteos y derivados, y al gluten de los cereales, se sabe que produce efectos inflamatorios severos en nuestro organismo.

¿Por qué la intolerancia y alergias a tantos alimentos?

Para entender este proceso, tendríamos que entender cómo la industrialización fue afectando la producción agrícola, y cómo el organismo se afectó por esta. Por ejemplo, las cepas genéticas de los cereales originales fueron cambiando genéticamente, según se adaptaron a los lugares y métodos de cultivos. Los agricultores favorecían las cepas más grandes, productivas y resistentes al clima, y favorecieron su cultivo. Estas adaptaciones genéticas podrían llevar al organismo a no reconocerlas como la original, creando una reacción alérgica inflamatoria. Si consideramos la cantidad de nuevas formas transgénicas de productos agrícolas, no sería raro esperar reacciones atípicas del organismo a estas.

¿Qué alimentos hacen los primeros siete en la lista inflamatoria?

1. Alcohol

2. Azúcar refinada

3. Gluten (harinas refinadas de algunos cereales)

4. Carnes

5. Derivados lácteos

6. Comidas chatarra, procesadas, enlatadas

7. Grasas trans

La controversia de las dietas, y mi prejuicio personal en el asunto

Si seguimos el manual del guerrero y sus tácticas para recodificar nuestro ADN biológico, nos vemos obligados a escoger una alimentación que sea:

1. Lo menos procesada o refinada posible

2. Lo menos transgénica posible

3. Lo más fresca posible

4. La que más se asemeje a las formas originales

5. La más baja en contenido de gluten posible

6. Que no tenga ningún contenido lácteo

7. Que no tenga ningún producto animal o derivado

8. Que se derive de productos de su estación climática del momento

9. Lo más baja posible en azúcar refinada

10. Lo más baja posible en total de calorías - ayunos parciales

¡Los únicos hallazgos científicos reconocidos que promueven la longevidad y calidad de vida, fueron dietas bajas en calorías y en azúcar refinada!

Influencia en los estilos de comer

- El ayuno – Recientemente, estudios de las razas que utilizan el ayuno intermitente, limitando la cantidad y frecuencia de la ingestión, han demostrado efectos beneficiosos en la salud y longevidad. Les recomiendo que lean un poco del tema y aprovechen este conocimiento para su salud. (Lean el libro sobre el ayuno listado en la bibliografía.)

- Mono-dietas - Esta variante del ayuno se basa en que evitar mezclar varios tipos de alimentos en una misma comida facilita la digestión y baja la inflamación. ¡Esta va en contra de la teoría nutricional de mezclar muchos colores en su plato, como si fuera una pintura impresionista! Se prefiere repartir los colores en diferentes episodios de comer.

- No mezclar muchos líquidos con sus comidas o tomarlos fríos, ya que disminuyen la absorción apropiada de los nutrientes.

- Comidas germinadas y crudas - Esta no me parece una para toda ocasión, pero sí para combinar con las dietas veganas tradicionales, y podría ser una forma para desintoxicar un organismo enfermo.

Así es que, mi recomendación para ser parte del destacamento de los Guerreros de la Luz se inclina a una dieta vegana o modificada de esta según cada organismo. No queremos ningún ADN animal, ni productos transgénicos en nuestros alimentos.

Estimados lectores, he disfrutado mucho, como un guía turístico orgulloso de su región, haberlos conducido por las diferentes aventuras del Guerrero de la Luz. Espero les haya ayudado a encontrar las coordenadas de regreso, para que su máquina del tiempo los lleve a su hogar en lo más profundo del Espejo Mágico, nuestro creador. Recuerden tener paciencia, según dicen estas citas que aprendí de mi maestro de armas.

Aunque todos los caminos te llevan al Cielo, no todos lo hacen a la misma vez.

Las armas del verdadero Guerrero de la Luz son la compasión y la paciencia para esperar que el otro aprenda lo que él ya aprendió.

Descubriendo nuestra misión o propósito de vida - un resumen de lo aprendido hasta ahora, y un preludio de lo que estudiaremos luego

Lo más importante para un ser que experimenta la travesía infinita y multidimensional del conocer y entender, es descubrir su misión individual dentro de la misión cósmica. El proceso es uno de ampliar progresivamente su actividad individual según su libre albedrío se hace más inclusivo a las diferentes posibilidades.

Podríamos comparar esto con el impacto melódico de la música creada por el instrumento de un músico individual que toca una composición suya, en una sinfonía armoniosamente dirigida por un experimentado director.

276

Aunque el impacto sonoro de su acción individual sea maravilloso, nunca podrá igualar la sensación de pertenecer a una sinfonía majestuosa, donde todos los músicos tienen la misma importancia para el director, que solo aspira amalgamar armoniosamente a todos sus instrumentos. Así mismo, nuestra experiencia cósmica es como la del ser que va aprendiendo a crear música en cada una de las dimensiones o instrumentos musicales para luego unirse a otros músicos en creaciones más inclusivas. Esto facilitará igualmente sinfonías cósmicas que progresivamente se vuelven más complejas por la acumulación aprendida de todas estas experiencias instrumentales individuales.

De la misma manera, la experiencia inicial de la travesía individual va progresando a la planetaria, la planetaria a la solar, la solar a la galáctica, la galáctica a la universal y la universal a la cósmica.

Este es el inexorable ciclo infinito, que combina la experiencia de aprender y la de enseñar con la experiencia de lo aprendido de los viajeros que nos siguen en nuestros caminos cósmicos.

Esto finalmente desemboca en la verdadera individualidad de la consciencia cósmica, de donde nacen nuevas e infinitas creaciones universales para descubrir en nuestra incesante travesía cósmica.

Por lo tanto, entendamos la importancia de cada experiencia individual de nuestras vidas que, dirigidas con la intención interdependiente de la fuerza del amor y la experiencia del dolor, siempre resultarán en la sabiduría adquirida por el entendimiento y compasión de cada una de éstas.

Este es el secreto detrás de la verdadera alquimia espiritual que transforma toda experiencia en sabiduría. El perdón es la piedra filosofal, o catalizador, que permite el entendimiento que agiliza la transmutación.

Preguntas de bono (para subir la nota)

1. ¿Cómo el matrimonio alquímico de los guerreros

278

influencia la reconciliación de los ADN luminosos y biológicos?

2. ¿Por qué el viaje universal es uno de ida y vuelta?

3. ¿Por qué no todos los guerreros-viajeros vuelven a la misma vez?

4. ¿Por qué el perdón es el bálsamo de sanación y clave de decodificación del ADN espiritual?

5. ¿Qué pueden deducir que pasará cuando todos los guerreros hayan regresado?

CAPÍTULO XII

EXAMEN FINAL PARA LOS

GUERREROS DE LA LUZ

Instrucciones: Escoger la mejor contestación entre las opciones

1. ¿Qué es la antimateria?

a. Lo que ocupa la mayor parte de nuestro universo (72%)

b. Lo que la ciencia dice que dio origen a la materia

c. Un nuevo partido socialista que está en contra del consumismo desenfrenado

d. De lo que están hechos los fantasmas

2. Sobre nuestro ADN podemos afirmar que:

a. Proviene del mono

b. Contiene archivadas tanto la historia biológica del guerrero como la espiritual

c. El 100% se usa para su función de

281

codificación hereditaria

d. Todas las anteriores

3. El ADN basura es:

a. Donde se desechan todas nuestras mutaciones

b. El que ocupa el 3-5 % del total

c. El panel de control del que codifica el genoma humano.

d. Todas las anteriores

4. Los registros akáshicos:

a. Es donde se archivan todas las actas de nacimiento en la India.

b. Son los archivos virtuales donde se archivan todas las experiencias de los guerreros durante su travesía

c. Es el libro donde se guarda todo nuestro *karma*

d. B y C

5. La epigenética es:

a. Una nueva rama de la biología

b. Lo que explica como las influencias del medio ambiente facilitan o inhiben las tendencias genéticas hereditarias

c. Donde se cree que el ADN basura tiene un rol importante en esta

d. Todas las anteriores

6. Sobre el libre albedrío podríamos decir que:

a. Es igual para todos los guerreros

b. Te hace responsable por los efectos de tus acciones

c. La experiencia individual de cada guerrero afecta su "libertad" de acción

d. B y C

7. El Espejo Mágico es:

a. Nuestra máquina del tiempo o mente primordial

b. El que da origen a la mente transcendental y la mente relativa

c. El que contiene potencialmente todo el proceso creativo del universo

d. Todas las anteriores

8. El ego es:

a. Nuestro espejo realista

b. Nuestro archienemigo o dragón ficticio creado por nuestras emociones

c. Al que le encanta el individualismo y la competencia

d. Todas las anteriores

9. El entrelazamiento cuántico:

a. Comprueba la continuidad holográfica del universo.

b. Se observa en la frase, "todos para uno y uno para todos"

c. Es como se reproducen los protones y electrones

d. A y B

10. En lo único que concuerdan todos los guerreros es en que:

a. Prefieren ser veganos

b. Les gusta su imagen en su espejo-mente

c. Quieren ser felices

d. Todas las anteriores

11. ADN quimérico es:

a. Cuando en experimentos genéticos se mezclan materiales genéticos de dos especies al azahar

b. Cuando en un experimento se incorpora parte del material genético de una especie en otra

c. La mutación que da origen a los súper mutantes de la serie televisiva

d. Ninguna de las anteriores

12. Esquizofrenia bélica es:

a. El estado de confusión y sufrimiento que rige la relación confusa en el campo de batalla entre el Guerrero de la Luz con su sombra: el Guerrero de las Sombras

b. Un estado donde no se sabe quién es el enemigo, con qué ejército debe batallar, y qué tácticas serán las mejores para su victoria

c. Algo que puede llevar al guerrero a un desequilibrio mental severo

d. Todas las anteriores

13. El verdadero origen del sufrimiento es:

a. El capitalismo extremo y la desigualdad social y económica de la humanidad

b. La corrupción en los gobiernos

c. El vacío o falta de solidaridad que se origina en nuestro interior - esquizofrenia bélica, cuando nos desconectamos de nuestro origen, el Espejo Mágico.

d. Todas las anteriores

14. ¿Cuál de estas cualidades es la más efectiva para asegurar la victoria en el campo de batalla?

a. Inteligencia

b. Persistencia

c. Oración

d. Paciencia (compasión)

15. Las tácticas del guerrero para decodificar o recordar su lenguaje universal perdido:

a. Victorias en sus frentes externo e interno

b. La meditación

c. Sanando las heridas de los Guerreros de las Sombras que están prisioneros con perdón y compasión

d. Todas las anteriores

16. La meditación es:

a. Técnica "inalámbrica" de comunicación en un formato parecido a nuestro lenguaje universal original

b. Fue uno de las tácticas que nos enseñaron nuestros "maestros de armas"

c. Nos ayuda a decodificar o recordar nuestras líneas de abastecimiento en la batalla con nuestra fuente de luz, el Espejo Mágico

d. Todas las anteriores

17. La compasión es:

a. Cuando se nos "parte" el corazón y nos da rabia con las injusticias que el hombre le hace al hombre

b. Cuando le toleramos maltratos a otros aunque muramos de rabia por dentro

c. Cuando aprendemos a ver a todos los guerreros en la reflexión de nuestro Espejo Mágico, con el mismo amor.

d. Todas las anteriores

18. La táctica más efectiva para escapar de la prisión de nuestro archienemigo, el ego, es el perdón:

a. Que nace del entendimiento de nuestra responsabilidad basada en la ignorancia

b. Pues tanto el ego y su cárcel fueron la creación ilusoria producida por nuestras emociones negativas

c. Pues no solo libera nuestros barrotes, sino también desaparece al carcelario, el ego

d. Todas las anteriores

19. La culpa:

a. Es el arma favorita del ego para atrapar al Guerrero de la Luz en sus sombras

b. Está basada en la mentira de que en toda experiencia universal del guerrero, solo hay un causante o culpable del efecto

c. Se convierte en corresponsabilidad dentro de la visión holográfica de un universo entrelazado cuánticamente por el amor

d. Todas las anteriores

20. Los propósitos dados al Guerrero de la Luz por su Espejo Mágico al partir fueron:

a. Iniciar un viaje exploratorio del universo, que da inicio por el amor que busca conocer su creación y entender su propósito

b. Guiarse por la solidaridad, empatía, compasión y paciencia durante su travesía

c. Rescatar a la mayoría de los Guerreros de La Luz de las cárceles en las cuales el ego los había encerrado usando las tácticas anteriores

d. Todas las anteriores

21. Los flancos del frente de batalla externo son:

a. Familiar, escolar, religioso, laboral

b. Frontal, derecho, izquierdo

c. Emocional, mental, espiritual, militar

d. Ningunos de los anteriores

22. Miopía (ceguera) espiritual es:

a. La distorsión creada en el espejo por las cicatrices emocionales de sus batallas

b. La distorsión visual creada por las quemaduras de pólvora de sus armas

c. La distorsión visual creada por explosiones de metralla

d. Ninguna de anteriores

23. En la comparación alegórica del cuento de Hansel y Gretel, las emociones eran representadas por:

a. Las migajas

b. Los dulces

c. Los pájaros

d. La bruja

24. ¿Por qué los Guerreros de las Sombras nunca

pueden ser felices?

a. Porque todas las experiencias del espejo cambian continuamente

b. Por el apego selectivo a ciertas experiencias agradables

c. Por el individualismo y la envidia, y las diferencias en capacidad de los guerreros (experiencias, condecoraciones y rango)

d. Todas las anteriores

25. ¿Qué representaba la torre de Babel?

a. Donde residía el comando supremo de los Guerreros de las Sombras

b. El intento de volver a su punto de partida, que al principio algunos guerreros trataron de lograr sin acabar la misión encomendada

c. La capacidad de usar su lenguaje universal para ayudarse a regresar a su hogar

d. B y C

26. Las diferencias en las reglas de enfrentamiento en los dos frentes de batalla son:

a. En el frente interno el Guerrero de la Luz es un participante activo.

b. En el frente externo el Guerrero de la Luz participa solo como asesor a los guerreros de las sombras.

c. El Guerrero de la Luz toma parte activa en ambas

d. A y B

27. La batalla interna es la más peligrosa para el guerrero porque:

a. El Guerrero de las Sombras interno usa tácticas de guerrilla, espionaje e infiltración, que sutilmente van debilitando nuestras fuerzas

b. Los signos de los ataques aparecen como síntomas físicos o mentales, en formas epidémicas muy avanzadas (depresión, ansiedad, fobias, insomnio, cáncer, alteración de la capacidad cognoscitiva, etcétera)

c. Puede ser apoyada por guerreros de la batalla externa simultáneamente

d. Todas las anteriores

28. La intención y su efecto sobre la ley de causa y efecto:

a. La intención amorosa, interdependiente, genera efectos que equilibran toda la matriz holográfica (*dharma*)

b. La intención egoísta individual, independiente, genera efectos que desequilibran la matriz (*karma*)

c. No tiene un efecto punitivo, solo desea entendimiento de su efecto sobre la matriz

d. Todas las anteriores

29. La cita bíblica, "La iniquidad de los padres sobre los hijos, llegará hasta la tercera y cuarta generación" (Números 14:18), comprueba:

a. La influencia de la epigenética sobre la descendencia

b. Cómo las enfermedades pueden heredarse

c. Que la iniquidad no puede corregirse por cambios en estilos de vida

d. A y B

30. Para ser efectivo, el perdón como el bálsamo universal de curación debe:

a. Partir del entendimiento y compasión que se adquiere en las victorias de nuestras batallas

b. Partir del egoísmo que no quiere los efectos negativos del *karma*

c. Partir de prácticas que otros hagan por nosotros para cancelar el *karma*

d. Ninguna de las anteriores

EPÍLOGO

LA HISTORIA DETRÁS DE LA TRILOGÍA DE MIS LIBROS "LA ESCUELA DE LA VIDA"

Para entender cómo la trilogía de mis libros tomó forma, debemos hablar sobre cómo ocurre el proceso creativo históricamente, tanto en las ciencias naturales como en las humanidades. Al revisar la historia de los grandes avances en el arte y las ciencias naturales, podemos observar una tendencia donde las nuevas ideas aparecen en conjuntos, casi simultáneamente, en lugares distantes geográficamente y en épocas donde no existía la interconexión de los medios de comunicación actuales. Debido a esto, las discrepancias mundiales sobre quien "creó" la idea, ley o estilo aún dividen la comunidad mundial en bastiones intransigentes, siglos después del evento.

Todavía podemos ver este fenómeno en la entrega de los premios Nobel en las ciencias. Lo mismo me ocurrió a mi durante mi año de investigación experimental, donde cada vez que yo pensaba una hipótesis otros centros académicos con más recursos económicos las publicaban, pensadas por otros. Este fenómeno se repitió en mi experiencia académica en la cirugía pediátrica, cuando diseñé una nueva operación quirúrgica para la enfermedad de megacolon congénito y, antes de publicar mi experiencia, me enteré que un cirujano mejicano ya lo había publicado, ¡tres meses antes! ¡Me sentí como el medallista de plata que llega segundo en las olimpiadas por milésimas de segundo, y nadie se acuerda de él!

Aunque gran parte de los nuevos descubrimientos aparecen después de un esfuerzo y análisis exhaustivo, no son pocas las veces donde las grandes mentes científicas admiten que su idea nació de una aparente *serendipia* (ver glosario), o pura intuición o "casualidad". Un ejemplo de serendipias en la ciencia: el descubrimiento de la penicilina. En 1922, cuando Alexander Fleming estaba analizando un cultivo de bacterias y se le contaminó una placa de bacterias con un hongo, ocurrió una "casualidad". Más tarde, descubriría que alrededor de ese hongo no crecían las bacterias e imaginó que ahí había algo que las mataba. Aunque él no fue capaz de aislarla, ese episodio dio inicio al descubrimiento de la penicilina.

Otro ejemplo fue cuando el químico Friedrich Kekulé llevaba mucho tiempo intentando encontrar la huidiza estructura de la molécula de benceno. Simplemente, no se conocía una estructura de seis carbonos que tuviera las propiedades químicas que la molécula de benceno exhibía. Según cuenta él mismo en sus memorias, una tarde, mientras volvía a casa en autobús, se quedó dormido. Comenzó a soñar con átomos que danzaban y chocaban entre ellos. Varios átomos se unieron, formando una serpiente que hacía eses. De repente, la serpiente se mordió la cola y Kekulé despertó. A nadie se le había ocurrido que pudiera tratarse de un compuesto cíclico.

Bob Samples, en su libro *The Metaphoric Mind: A Celebration Of Creative Conciousness*, dijo en su interpretación de los escritos de Albert Einstein, "La mente intuitiva es un regalo sagrado y la mente racional es un fiel sirviente. Hemos creado una sociedad que rinde honores al sirviente y ha olvidado al regalo." Esto refleja la importancia del equilibrio entre la mente racional y su contraparte creativa. Esta reflexión es tan acertada que, inclusive, se le ha atribuido incorrectamente al mismo Einstein.

Albert Einstein reconoció la cualidad de la serendipia en algunos de sus hallazgos, lo cual posiblemente le llevó a enfatizar el fomentar la creatividad en el sistema escolar. La siguiente cita sugiere cuestionar todo el conocimiento previamente aceptado, ya que él entendía que el verdadero conocimiento era un proceso infinito cambiante.

"El arte supremo del profesor consiste en despertar la alegría por la expresión creativa y el conocimiento." Albert Einstein. (Todas las citas de

Albert Einstein reproducidas con permiso de ©*The Hebrew University of Jerusalem*)

Finalmente, otro autor cuyo nombre se desconoce escribió una observación muy acertada, que pienso complementa muy bien esta sección de mi libro: "La diferencia entre la persona que más sabe del mundo y la que menos sabe es completamente insignificante ante lo que no sabe ninguna de las dos."

¿La serendipia es solo cuestión de suerte, o casualidades?

Para Einstein, así como para Platón (ver arquetipos en glosario) y el Buda, todo el conocimiento residía en un estado potencial esperando ser descubierto por la mente, con la llave apropiada para descubrir sus "misterios." Para Einstein, o el Buda, no existía la casualidad fortuita, sino más bien la ignorancia de la causa que precipitó el efecto observado. Por lo tanto, si tenemos perseverancia y paciencia, siempre encontraremos la causa de la "casualidad". Estas citas apoyan esta discusión.

"La experiencia más bella que podemos experimentar es lo 'Misterioso'. Esto es la fuente de todo arte y ciencia." Albert Einstein. (Todas las citas de Albert Einstein reproducidas con permiso de ©*The Hebrew University of Jerusalem*)

"Libre de deseos se accede al misterio. Cautivado por el deseo se perciben solo los límites de la apariencia. Ambos surgen de la misma fuente. Esa fuente es la oscuridad, la puerta hacia todas las maravillas." Lao Tse

Por lo tanto, la serendipia que lleva a un proceso creativo es favorecida por la calidad y amplitud del conocimiento, la actitud flexible del investigador de no aferrarse a conceptos previamente establecidos y el estar alerta a estos aparentes cambios fortuitos sin descartarlos antes del análisis racional de su conocimiento previo. Las siguientes citas famosas apoyan mi comentario.

"En el campo de la observación, la probabilidad favorece la mente preparada." Louis Pasteur

"Las semillas de los grandes descubrimientos constantemente nos rodean, pero solo germinan en nuestras mentes si el terreno está fértil para recibirlas." Joseph Henry, Físico Norte Americano Famoso

Al revisar el material anterior, parecería que la intuición es un proceso cognoscitivo que no ocurre dentro del proceso racional tradicional asociado al hemisferio izquierdo, y que se asocia más al proceso creativo vinculado al hemisferio cerebral derecho. Al igual, parecería que este proceso podría cultivarse activando los procesos cognoscitivos asociados al hemisferio derecho. Quizás en años futuros el sistema escolar aprenderá a desarrollar esta cualidad en nuestros estudiantes.

La extraña historia de mis libros: mi cerebro derecho pide tiempo igual

Para poder entender lo inusual del desarrollo de los libros, deben saber que mi experiencia como escritor empezó relativamente tarde en mi vida profesional, a los setenta años, cuando la mayoría de los pertenecientes a este grupo están buscando colgar sus guantes y no buscando contrincantes para probárselos. El origen de mis libros puede deberse a un despertar de las cualidades latentes en mi cerebro derecho, pidiendo tiempo igual al izquierdo, cuyo reclamo presentaba con un sentimiento de insatisfacción e infelicidad que no se resolvía con nada en mi vida profesional o personal.

Esta polémica batalla entre mis dos hemisferios se activó aún más por mi experiencia meditativa durante mis años de práctica del budismo tibetano, que por primera vez dirigió mi foco mental a uno introspectivo. Durante este periodo, aprendí a conocerme a mí mismo, como realmente yo quería ser y no como había permitido que otros me dijeran que fuera. Bajo la sabia reflexión de la sabiduría del espejo de mi maestro, aprendí a reconocer la inmensidad de cualidades amorosas que residían ocultas en mi ser, y que tanto había buscado infructuosamente en mi mundo exterior. Bajo los reclamos sonoros de mi cerebro derecho fue que tomé la ilógica decisión de retirarme de mi práctica de cirugía, y dedicarme al estudio de la acupuntura médica tradicional china y los nuevos inseguros rumbos de la medicina natural e integral.

De ese momento en adelante mi cerebro derecho le dio una paliza al izquierdo, y no ha soltado el control del proceso cognoscitivo de mi pensar. De ahí en adelante, una indescriptible sensación de alegría y satisfacción llenó mi vida con la misma o mejor sensación que obtuve con mis éxitos como cirujano. Yo ya no era el mismo ser, y mi familia, mis amigos y mis pacientes lo notaron con mucho agradecimiento. Por fin entendí las muchas interpretaciones de amigos sensitivos y lecturas astrológicas, que implicaban que yo inhibía un potencial intuitivo significativo. Mi capacidad para entender la raíz profunda de los padecimientos de mis pacientes me facilitó el guiarlos a buscar su proceso de recuperación, tal y como yo había obtenido el mío.

Hace más o menos diez años, durante la etapa inicial de todo este proceso, empecé a sentir una voz interna que me imprecaba que escribiera un libro, pero mi cerebro izquierdo se inhibía y se mofaba de eso. ¡Después de todo, qué experiencia tenía yo! Finalmente, en un fin de semana después de un retiro espiritual, escribí un poema titulado *Soledad*, de manera casi instantánea, que eventualmente dio origen a mi primer libro. Luego en otra ocasión, en un día, escribí un libro que titulé, "El libro que aún no tiene título", y que según mi parecer era una obra de arte. Bajo el efecto de mi inocente ilusión literaria, rápidamente compartí mi "joya" con mis mejores amigos y familia y, para mi decepción, ni siquiera uno de ellos me dio su opinión.

Esa experiencia truncó por un tiempo mi carrera de autor hasta dos o tres años más tarde, cuando un paciente con cualidades de médium entró a mi despacho y me dijo, "¿sabe quiénes son esos dos seres que están detrás de usted?" Con un poco de aprehensión, miré detrás de mí y, al no ver nada, le dije que no sabía. Inmediatamente me dijo, "quieren saber por qué no les ha hecho caso y no ha escrito su libro". Eso me puso la piel de gallina, ya que venía hacía unas semanas sintiendo la urgencia de escribir mi libro, y para descontinuar la conversación, le contesté, "¿por qué no les pregunta por qué no lo escribieron ellos cuando estaban encarnados?" En otra ocasión, otra vidente me dijo que esa respuesta me había desconectado de ellos por un tiempo, pero que se estaba acabando el tiempo oportuno para escribir y todavía tenía su apoyo. Me vaticinó que escribiría siete libros en total en esta vida.

El desenlace final: el primer libro nace en un fin de semana

Antes del desenlace final, ya yo había asumido la costumbre de levantarme a escribir ideas y frases que se me ocurrían de madrugada, y que parecían no tener correlación unas con otras. Lo mismo ocurría en mi oficina y con citas que intercambiaba en los medios sociales. Deben saber que luego, estas citas fueron incorporadas como capítulos o citas para enfatizar mensajes en varios de mis libros. El desenlace final ocurrió cuando una amiga, astróloga e intuitiva, llegó a mi oficina para tratar un dolor en sus extremidades. Al entrar a mi despacho, cuando trato de mencionar mi libro, me silencia y me dice: "tranquilo, estoy recibiendo un mensaje de tus archivos akáshicos" y me dice que "quieren que adaptes el mensaje o lenguaje original a un formato sencillo, para que la mayoría de las personas lo puedan entender". Y acaba diciendo, "podría ser en formato de 'bullets' y resúmenes que ayuden a aclarar el mensaje". Esto acaba el intercambio.

Ese fin de semana, vengo a mi oficina, me siento y adapto el mensaje anterior, en dos días, en un formato de libro de texto escolar jocoso. La integración de todo lo que había escrito de una forma u otra facilitó el proceso. De aquí nace la trilogía de mis libros sobre la escuela de la vida, que acaba con el volumen actual. Aproximadamente un año después, recibo intuitivamente que debo hacer un libro que adapte el mensaje para las mentes juveniles en un lenguaje cibernético, que puedan entender. Para mi sorpresa, esta adaptación la hice entre paciente y paciente en cinco días laborales, y cuando la acabé casi no podría creer que la había escrito yo. Después de haber acabado casi el proceso completo de edición del libro, un día en la ducha tengo que salir y escribir la versión cibernética del Padre Nuestro, que logramos incorporar al libro.

Durante el desarrollo de este libro tuve una experiencia muy extraña. Después de compartir en un café de jazz, junto a mi esposa, conocimos una dama con la cual sentí una sensación de afinidad muy especial, que luego resultó ser una astróloga intuitiva. Saliendo del lugar de camino a nuestros vehículos, ella me señaló un signo luminoso que aparentó aparecer espontáneamente en una de las paredes de un edificio (mi esposa nunca lo vio), que ella decía que era un mensaje para mí, y era la palabra "guardián". Ese enigma me llevó a tratar de descifrarlo por meses, hasta que un día, en una reunión de un grupo de lectura de temas extraterrestres, conozco a un anciano con un aire de sabiduría y paz, y no pude evitar compartirle mi experiencia previa. Él se sonríe y me dice: "debes leer los libros del Ser Uno, y allí encontrarás la contestación a tu enigma". Y así fue que conocí, gracias a esta maravillosa colección de libros, a la vidente, la Sra. Franca Rosa Canónica. Estos libros influenciaron significativamente el desarrollo de mi tercer libro, el cual acaban de leer.

Aunque este libro culmina la trilogía de la escuela de la vida, si nos dejamos llevar por la visión de una de las videntes que me fueron enviadas para abrir mi entendimiento, no es el último. Nos quedan por lo menos cuatro libros más para compartir los conocimientos y la sabiduría que se me ha encargado difundir. Espero que me sigan acompañando en esta travesía.

BIBLIOGRAFÍA

LIBROS QUE ME AYUDARON A CREAR MI VISIÓN, DIRECTA O INDIRECTAMENTE

- La Biblia
- Khenchen Palden Sherab Rinpoche: Door To Inconceivable Wisdom and Compassion
- Kenchen Palden Sherab Rinpoche: Opening to Our Primordial Nature
- Franca Canónico: El Ser Uno (6 tomos)
- Lao-Tzu: Tao Te Ching
- Rabi Shimon bar Yojai: El Zohar
- Los Tres Iniciados: El Kybalion
- Paramahansa Yogananda: La Autobiografía de Un Yogi
- Platón: Los Diálogos
- Amit Goswami Ph.D.: The Self-Aware Universe
- Ken Wilder: A Brief History of everything
- Chogyam Trungpa: Cutting Through Spiritual Materialism
- M. Scott Peck: The Road Less Traveled

- Hermann Hesse: Siddhartha

- Shantideva: The Guide to the Bodhisattva Way Of Life

- Sogyal Rinpoche: The Tibetan Book of Living and Dying

- Jerry Jampolsky: Love Is Letting Go of Fear

- Richard Bach: Ilusiones

- Dr. Henry Benson: The Relaxation Response

- Helen Schucman: Un Curso de Milagros

- Deepak Chopra: Quantum Healing

- Khalil Gibran: El Profeta

- Dr. Norman González Chacon: BioÉtica: La Medicina Natural, Una Alternativa Moderna

BIOGRAFÍA

IVÁN FIGUEROA OTERO, M.D. FACS, FAAMA

Luego de graduarse de la Escuela de Medicina de la Universidad de PR, el Dr. Figueroa Otero se entrena como cirujano general en el Hospital Universitario de la UPR, integrando un fellowship de un año en el estudio del cáncer, y otro en investigación experimental y clínica. Hace estudios post-graduados en Cirugía Pediátrica en los hospitales Miami Children's Hospital y en el Hospital Municipal de San Juan, y es certificado a nivel nacional.

Buscando opciones no quirúrgicas o menos invasivas para las condiciones pediátricas, explora las filosofías orientales que enfatizaban un concepto integral. Fue uno de los primeros médicos en certificarse en acupuntura médica en Puerto Rico, entrenándose en medicina tradicional china y acupuntura con profesores de la Universidad de

311

Sevilla. Eventualmente se certifica en acupuntura médica a nivel nacional.

En el 2009 se certifica en medicina de antienvejecimiento, y en diciembre de ese mismo año se retira de la práctica de la cirugía pediátrica, enfocándose solamente en una práctica integral de la medicina y enfatizando la prevención de la enfermedad y la modificación de estilos de vida. En el 2011 fue invitado a ser *Trustee* del *American Board of Medical Acupuncture*, que es el organismo nacional encargado de certificar médicos en el campo de la acupuntura por medio de exámenes nacionales. En ese mismo año, es reconocido por la Revista *Natural Awakenings* como Médico Holístico del Año.

Actualmente se dedica a su práctica privada, y continúa en su rol de educador tratando de lograr la integración de cursos completos en acupuntura tradicional china al currículo de las escuelas de medicina, permitiéndole al médico certificarse tanto local como nacionalmente, y establecer protocolos de investigación clínica del uso de acupuntura en condiciones conocidas en comparación con la metodología establecida por la medicina moderna. Otra prioridad inmediata es la incorporación de las técnicas de meditación y su rol en la medicina preventiva y terapéutica.

El Dr. Figueroa Otero es el autor de la trilogía de la escuela de la vida, con dos libros anteriores, *Espiritualidad 101: Para Los Colgaos De La Escuela De La Vida* y *Espiritualidad 1.2: Para Los Desconectados De La Escuela De La Vida*. Ambos fueron galardonados con premios como *Benjamin Franklin Award, NIEA Award, Readers Favorite, Beverly Hills Award* y *USA Best Book Awards*. Además, han sido reseñados exitosamente por la revista *Focus on Women* y el *Kirkus Book Review*, entre otros.

Made in the USA
Middletown, DE
06 September 2022